传承

红军长征云南记忆
与寻甸往事

李彦垒　徐继玲　龙晶晶

-编著-

中国出版集团　东方出版中心

图书在版编目（CIP）数据

传承：红军长征云南记忆与寻甸往事 / 李彦垒，徐
继玲，龙晶晶编著 . -- 上海：东方出版中心，2024.
11. -- ISBN 978 - 7 - 5473 - 2553 - 7

Ⅰ. K264.406

中国国家版本馆 CIP 数据核字第 2024QT4669 号

传承：红军长征云南记忆与寻甸往事

编　　著　李彦垒　徐继玲　龙晶晶
策　　划　刘　鑫
责任编辑　刘　鑫
装帧设计　青研工作室

出 版 人　陈义望
出版发行　东方出版中心
地　　址　上海市仙霞路345号
邮政编码　200336
电　　话　021-62417400
印 刷 者　上海盛通时代印刷有限公司

开　　本　710mm×1000mm　1/16
印　　张　14
字　　数　188千字
版　　次　2024年11月第1版
印　　次　2024年11月第1次印刷
定　　价　68.00元

序

铭记红军长征史，追寻云南长征路，钩沉寻甸长征事

翻开历史长卷，回望百年长路。中国共产党为实现救国、兴国、富国、强国的目标，率领中国人民筚路蓝缕、砥砺前行，在实现中华民族伟大复兴的峥嵘岁月里，留下了多少信仰的红色印记和奋斗的精神谱系！

拂去岁月尘埃，放眼山河大地。如果说巍峨斑驳的万里长城是中国历史千年伟岸与辉煌的写照，那么蜿蜒曲折的万里长征则是中共党史百年光荣与梦想的缩影。长征是一部波澜壮阔的英雄史诗，是一幅壮怀激烈的精神画卷，是一段艰苦卓绝的先驱征程，是一则举世罕见的悲壮故事，是一首历久弥新的军魂颂歌。

驻足彩云之南，俯首寻甸故里。中央红军四渡赤水，两进两出云南，历时28天的传奇故事；红二、红六军团百折不挠，四进四出云南，历时67天的如烟往事；"扎西集结""寻甸决策""声东击西""皎平船夫""金沙水拍""兴盛番族""崖壁标语"等佳话旧事，留下了中国工农红军在我们这块热土上多少惊天地泣鬼神的英雄壮举和军民情谊。

大家可曾知道，在我们生活和学习的家乡，有一个叫作鲁口哨的地方？1935年4月29日，党中央和中革军委在这里发布了《关于我军速渡金沙江转入川西建立苏区给各军团的指示》，即万万火急的"4·29"渡江令，拉开了红军抢渡金沙江的战略序幕。也正因为从寻甸发出的这道命令和红军渡过金沙江，中央红军终于摆脱了国民党几十万大军的围追堵截，

这成为长征途中具有重大意义的转折点。

在我们这个可爱的家乡，我们高歌人民音乐家们共同创作的《四渡赤水出奇兵》：

> 战士双脚走天下，四渡赤水出奇兵。
> 乌江天险重飞渡，兵临贵阳逼昆明。
> 敌人弃甲丢烟枪，我军乘胜赶路程。
> 调虎离山袭金沙，毛主席用兵真如神。

当年的历史镜像犹如一场大型实景剧，就在我们的眼前，就在我们的身边！

在我们这个可爱的家乡，我们吟诵将军诗人萧克创作的《北渡金沙江》：

> 盘江三月燧烽扬，铁马西驰调敌忙。
> 炮火横飞普渡水，红旗直指金沙江。
> 后闻鼙鼓诚为虑，前得轻舟喜欲狂。
> 遥望玉龙舒鳞甲，会师康藏北飞缰。

当年将军恢宏写意诗作的背后，实则是千钧一发、险象环生的场面，以及风卷残云般横扫滇西的豪情，这犹如镶嵌在我们家乡的一幅永不褪色的长卷，让我们身临其境，耳濡目染！

在我们这个可爱的家乡，我们重温毛泽东用他如椽的大笔和包举宇内的诗情挥就的《七律·长征》：

> 红军不怕远征难，万水千山只等闲。
> 五岭逶迤腾细浪，乌蒙磅礴走泥丸。
> 金沙水拍云崖暖，大渡桥横铁索寒。
> 更喜岷山千里雪，三军过后尽开颜。

当年漫漫长路上，共产党人、红军将士那无问西东和向死而生的豪迈和勇气，终将在家乡儿女的心中永驻！

在我们这个可爱的家乡，流传着无数工农红军跋涉激战的故事，传扬着无数云南儿女献身革命的佳话，保存着无数长征路上的足印和遗产。这是一段弥足珍贵的红色记忆，同样珍贵的还有记忆背后的精神财富。

历尽苦难，淬火成钢，往事如烟，精神永存！

铭记红军长征史，追寻云南长征路，钩沉寻甸长征事，不是简单地重复历史，而是从长征这枚永不褪色的徽章中，激活我们坚定前行的力量源泉，走好我们的长征路！

历史教学名师　李惠军

2021年6月

前 言

　　受工作单位华东师范大学委派，本人于2020年5月到云南省昆明市寻甸回族彝族自治县挂职锻炼，参与脱贫攻坚和乡村振兴相关工作。来寻工作后，被当地干部群众团结一致、苦干实干脱贫攻坚、推动乡村振兴的精神与壮举深深感动。

　　云南省包括寻甸县有着丰富的红色资源，尤其是中国工农红军长征两次经过，给当地群众留下了宝贵的精神财富。走在云南的大城小镇，生活在寻甸的街头巷尾，红色印迹到处可见。红色基因代代相传、红色精神历久弥新，红军长征精神激励着一代又一代中华儿女，成为我们走好新时代长征路的力量源泉。

　　习近平总书记在中国共产党第二十次全国代表大会上强调："坚持理论武装同常态化长效化开展党史学习教育相结合，引导党员、干部不断学史明理、学史增信、学史崇德、学史力行，传承红色基因，赓续红色血脉。"在全党深入开展党史学习教育、全国大力弘扬红色精神之际，如何让当地干部、群众更轻松、更全面地了解中国工农红军长征历史，如何让一代代青少年传承好红军长征留下的宝贵精神财富，把红军长征过云南、过寻甸的光辉历史和记忆往事进行梳理与再现，成了学习党史专业的我念念不忘的心事。

　　本书成稿，有赖于寻甸县委宣传部、党史研究室、县文旅局、教体局等部门提供的宝贵素材；华东师范大学教师教育学院、政治学系、教育学部、设计学院的老师、同学们到云南开展社会实践，对素材做了深入的调研、挖掘与整理，为书稿打下了一定的基础。华东师范大学徐继玲副教授、时任寻甸县委宣传部部长的龙晶晶同志全程参与本书的编撰，齐卫平教授、闫方洁教授、李月琴副教授、中学历史特级教师李惠军老师等对书稿进行审读，给予了细致的指导，一并致谢。

　　本书共分五章及附录。第一章概览了中国工农红军长征总体历程，便于读者简要了解长征全貌；第二章描述红军长征过云南的情况，从全省角度钩沉"长征记忆"；第三章重点重温寻甸县的"长征往事"；第四章从具体的人写起，讲述与长征有关的云南英雄儿女及军民鱼水情谊；第五章展示了在云南省（尤其寻甸县）与长征有关的代表性遗址遗迹和纪念场馆，便于读者根据兴趣走访游览；附录以时间为序罗列了红军长征过云南大事记，摘编了部分代表性文献以从不同角度还原那段峥嵘岁月，同时，编附了数篇本人对于有关专题的不成熟短文，对部分话题进行了进一步的探讨。

　　由于时间仓促及编者水平有限，书中难免会有疏漏，敬请读者批评指正。

李彦垒

2021 年 12 月第一稿

2022 年 12 月第二稿

2023 年 12 月定稿

目　录

第四章　英雄儿女　辉映云岭

第五章　传承红色记忆　赓续长征精神

附　录

第一章

壮丽史诗 巍峨丰碑

这一惊天动地的革命壮举，是中国共产党和红军谱写的壮丽史诗，是中华民族伟大复兴历史进程中的巍峨丰碑

中国工农红军长征概览

　　举世闻名的长征，是指中国工农红军第一、第二、第四方面军和第二十五军，在1934年秋至1936年10月间先后进行的一次大规模战略转移。在红军转移途中，中国共产党在贵州遵义和云南扎西召开的重要会议，事实上确立了毛泽东同志在党中央和红军的领导地位，开始确立以毛泽东同志为主要代表的马克思主义正确路线在党中央的领导地位，开始形成以毛泽东同志为核心的第一代中央领导集体，开启了党独立自主解决中国革命实际问题的新阶段。长征中，各路红军顽强拼搏、英勇战斗，创造了许多以少胜多、出奇制胜、化险为夷的光辉战役，粉碎了几十万国民党军队的围追堵截，跨越了气候恶劣、人迹罕至的雪山草地，战胜了无数艰难险阻，创造了气吞山河的人间奇迹，铸就了伟大的长征精神：把全国人民和中华民族的根本利益看得高于一切，坚定革命的理想和信念，坚信正义事业必然胜利的精神；为了

油画《三大主力会师》(蔡亮、张自嶷绘)

救国救民，不怕任何艰难险阻，不惜付出一切牺牲的精神；坚持独立自主、实事求是，一切从实际出发的精神；顾全大局、严守纪律、紧密团结的精神；紧紧依靠人民群众，同人民群众生死相依、患难与共、艰苦奋斗的精神。长征精神是中国共产党精神谱系的重要组成部分，为中国革命的胜利提供了强大的精神动力。

生死攸关　被迫转移

阅读聚焦

中国工农红军为什么要长征？

中国共产党在创建工农红军和苏区的过程中，以毛泽东为代表，逐步把党的工作重点由城市转入农村，实行"工农武装割据"，开辟了"农村包围城市，武装夺取政权"这条革命新道路。红军游击战争的发展和苏区的创建，为进一步开展土地革命战争奠定了坚实的基础。

1930年夏，红军开始了由以游击战为主向以运动战为主的转变，并纠正了李立三以城市为中心的"左"倾错误的军事战略。到1931年底，红军连续打破了国民党军三次大规模"围剿"，苏区获得了巩固与发展。其

1931年11月初，中共苏区中央局在江西瑞金召开第一次代表大会

中，中央苏区以及鄂豫皖、湘鄂西等苏区，都是拥有数百万人口、数十个县的红色政权，主力红军发展到15万余人，积累了丰富的经验，形成了一套建军和作战的原则。

1932年初至1934年下半年，以王明为代表的"左"倾教条主义者在加紧推行错误政治纲领的同时还推行了错误的军事战略，使红军遭受了严重挫折。在第五次反"围剿"中，由于苏区广大人民群众的大力支援和红军广大指战员的英勇奋战，红军给"围剿"的国民党军以有力打击，但是"左"倾教条主义者完全否定毛泽东等为红军提出的正确作战原则，实行了军事冒险主义和单纯防御战略以及其他错误政策，导致鄂豫皖、湘鄂西、中央苏区以及湘赣、湘鄂赣、闽浙赣等许多苏区逐步丧失，红军被迫战略转移，开始长征。

1934年10月10日，中共中央、中革军委率中央红军主力自江西省瑞金等地出发，开始战略转移。此时，中央的领导者对形势疏于研判，把战略转移变成大搬家式的行动，辎重繁多、行军迟缓、方向单一。蒋介石很快察觉了红军西进的意图，于11月12日任命何键为"追剿"军总司令，将其原西路军和北路军16个师分为5路，专事"追剿"红军主力，还命令粤、桂军配合追堵红军，企图围歼红军于湘江以东地区。在湘江之侧，面

江西瑞金，中共中央和中革军委于1934年10月10日率中央红军从这里开始长征

红军突破第一道封锁线的地点之一
——古陂村

红军突破第二道封锁线的地点之一
——城口镇

红军突破第三道封锁线的地点之一
——白石渡

红军突破第四道封锁线的地点之一
——界首渡口

对敌军重兵逼近，博古、李德一筹莫展，命令部队硬打硬攻，红军为此付出了极为惨重的代价。渡过湘江后，中央红军和中央机关人员由长征出发时的8.6万余人锐减至3万余人。

 历史纵横 ··

伟大的无产阶级革命家方志敏

　　1934年7月上旬，在国民党军向中央苏区中心区域开始全面进攻的严重形势下，中共中央和中革军委决定派红七军团组成抗日先遣队，深入到国民党军后方的闽浙皖赣地区，开展游击战争和创建新的苏区，配合中央苏区红军主力之作战。11月底，方志敏奉命率红军北上抗日先遣队北上，任红十军团军政委员会主席。先遣队在皖南遭国民党军重兵围追堵截，艰苦奋战两月余,被10倍于己的敌军围困。他带领先头部队奋战脱险,但为接应后续部队,复入重围,终因寡不敌众,于1935年1月在江西玉山陇首村被俘。

在狱中,面对敌人的严刑和诱降,方志敏大义凛然,坚贞不屈。在极端艰苦的条件下,方志敏用自己的心血写下了《可爱的中国》《清贫》《狱中纪实》等著名篇章。"敌人只能砍下我们的头颅,决不能动摇我们的信仰!因为我们信仰的主义乃是宇宙的真理。"1935年8月6日,方志敏在江西南昌英勇就义,时年36岁。

方志敏像

方志敏英勇就义前的自述:"我愿意牺牲一切,贡献于苏维埃和革命。"

力挽狂澜　绝境逢生

在万分危急关头,毛泽东根据敌我双方的军事态势,建议中央红军放弃北上同红二、红六军团会合的原定计划,立即转向敌军力量相对薄弱的贵州。1935年1月1日,中共中央政治局在贵州省瓮安县猴场召开会议,作出《中共中央政治局关于渡江后新的行动方针的决定》。《决定》指出,"建立川黔边新苏区根据地,首先是以遵义为中心的黔北地区,然后向川南发展,是目前最中心的任务"。1月2日至6日,中央红军第一、三、五、九军团和军委纵队分别从江界河、回龙场、茶山关渡过乌江天险。7日,

遵义会议旧址

先头部队占领贵州省北部的遵义城。

中央红军出其不意地攻占遵义，将近20万"追剿"军甩在乌江以东和以南地区，为中共中央总结经验教训、纠正"左"倾军事错误创造了条件。1935年1月15日至17日，中共中央政治局在遵义举行扩大会议。这次会议结束了以王明为代表的"左"倾教条主义在中共中央的统治，确立了毛泽东在党中央和红军中的领导地位，在最危急的关头，挽救了中国共产党、挽救了红军、挽救了中国革命，并为胜利完成长征、打开中国革命新局面奠定了重要基础，是中国共产党历史上一个生死攸关的转折点，标志着中国共产党在政治上开始走向成熟。

1935年1月底到2月初，中央红军在敌军中穿插进入云南，在扎西地区扩充兵力、精简整编。红军到达扎西时，减员十分严重，扩充兵力成为当务之急。红军沿途在大河滩、长官司、罗布以及扎西镇等地召开群众大会，用有色土书写革命标语，不少青年踊跃报名参加红军。当地有一位进步人士叫叶天荣，曾经当过县长，他四处奔走游说，把有影响力

🌸 **阅读聚焦** ⋯⋯⋯⋯⋯⋯⋯

红军在扎西有哪些重要会议成果？

⋯⋯⋯⋯⋯⋯⋯⋯⋯⋯⋯⋯⋯

的民团连人带枪拉过来参加红军，使红军在扎西得以扩充3 000多人。

中央红军在扎西地区休整期间，胜利召开了一系列重要会议，史称扎西会议。扎西会议是遵义会议的继续、拓展和完成，会议作出了《遵义会议决议》《决议大纲》《关于我军向川滇黔边发展的指示》《关于各军团缩编的命令》《为创造云贵川边苏区而斗争》等一系列重要文件。会议决定由张闻天接替博古在党内负总的责任。这是张闻天同毛泽东紧密合作，协力领导全党全军的良好开端。

与此同时，蒋介石命令滇军、川军、黔军向扎西地区奔袭而来。党中央和毛泽东随即决定循原路反攻遵义，出敌不意，打回马枪，二渡赤水，重入贵州，再占遵义城。为了进一步迷惑对方，调动国民党军队西移，中央红军于3月中旬三渡赤水，佯装欲北渡长江，几天后折返回来，第四次渡过赤水河，然后越过遵义仁怀大道，南渡乌江，前锋直逼贵阳。红军的行动大大出乎敌军的意料。就在他们眼花缭乱、不知所措之际，红军已经明确了下一步的行动计划：西进云南，抢渡金沙江。

4月29日，中革军委在寻甸县鲁口哨发布标注为"万万火急"的《关于我军速渡金沙江转入川西建立苏区给各军团的指示》。电令发出后，中革军委又作出具体部署，以总参谋长刘伯承为渡江先遣司令，组成渡江临时指挥部，统一指挥全军渡江行动，红军兵分三路向金沙江行进。30日，毛泽东、朱德、周恩来率中革军委总部进驻寻甸县柯渡丹桂村，进一步研究部署抢渡金沙江行动。

金沙江地处长江上游，江面宽阔，水流湍急，两岸是悬崖峭壁，难以架桥。渡江成为中央红军当时的头等大事，如果过不了江或者渡江时遭敌攻击，后果不堪设想，前途命运在此一举。此前，敌军已多次下令销毁船只等渡江器材，连竹木板片也被严密收集或烧毁，给渡江带来极大困难。红军四处搜寻，最终找到7条船，其中有2条大船，4条小船，还有1条无法使用。红军专门制定《渡河守则》，要求一切渡江行动听指挥，确保有序上船。每条船都编上号，安排船工分两批轮流划船，确保人歇船不歇。经过7天7夜不停摆渡，全军终于顺利过江。至此，中央

红军渡过金沙江的皎平渡口　　　　　毛泽东、周恩来、刘伯承渡江时住过的石洞

红军摆脱优势敌军的围追堵截，粉碎了蒋介石围歼红军于川黔滇边境的计划，取得了战略转移中具有决定意义的胜利。

抵达陕北　开拓新局

1935年5月，中央红军渡过金沙江继续北上。先头部队占领泸沽后，以一部兵力攻占越嶲（今四川越西）并北上大树堡牵制富林之川军，主力于22日占领冕宁。由于执行了正确的民族政策，红军顺利地通过彝族聚居区。24日晚，先头部队红一团控制了大渡河右岸的安顺场。25日，红一团第一营第二连的17名勇士，由连长熊尚林率领，冒着川军的猛烈火力，战胜激流骇浪，强行渡过大渡河，击溃防守北岸之川军第五旅第七团1个营，巩固了渡河点，为突破大渡河防线打开了一个缺口。但因水深流急，难以架桥，加之缺少渡河工具，大部队迅速过河十分困难。在"追剿"军日益迫近的情况下，中革军委决定，红一师及干部团由安顺场继续渡河，沿大渡河左岸北上，主力由安顺场沿大渡河右岸北进，两路夹河疾进，直取泸定桥。

红军沿右岸前进的先头部队红一军团第二师第四团，在击破沿途川军的拦阻后，于29日晨抢占了泸定桥的西桥头。当天下午4时，红四团第一营第二连的22名勇士，在连长廖大珠率领下，冒着川军密集的火力，攀踏着悬空的铁索，向对岸冲去，胜利占领泸定桥，并冲进城内。

泸定桥

红军后续部队紧跟过河，迅速歼灭守军一部，占领泸定城。接着，与由左岸北上的红一师和干部团在泸定城会合。至6月2日红军全部通过天险大渡河。

红一方面军渡过大渡河后，于1935年6月8日一举突破川军芦山、宝兴防线。接着，以坚韧不拔的毅力，克服重重困难，翻越了终年积雪、空气稀薄的大雪山——夹金山。红四方面军的西进部队于6月8日攻克懋功，歼灭川军第二十八军700余人，接着，以一部前出至懋功东南的达维镇。6月12日，红一方面军先头部队在北进达维途中同红四方面军一部胜利会师。18日，中共中央、中革军委和红一方面军主力到达懋功。两大主力红军的胜利会师，粉碎了蒋介石企图各个消灭红军的狂妄计划，壮大了红军的力量。

两军懋功会师后，摆在党和红军面前的首要任务是正确制定统一的发展战略。6月26日，中央政治局在懋功北部的两河口召开会议，一致通过了毛泽东、周恩来等人关于北上的意见。然而在之后的行动中，张国焘却以各种借口拒绝执行中央决定，并公然向党争权。为避免红军内部可能发生的冲突，党中央率红一方面军先行北上，于10月19日抵达陕甘根据地的吴起镇。至此，中央红军长驱两万五千里，纵横十几个省，粉碎数

夹金山——红军翻过的第一座雪山

十万敌军围追堵截，战胜了无数艰难险阻，胜利完成了震惊中外的长征，开创了中共中央把全国革命大本营放在西北的新局面。

◯ **历史纵横** ···

穿 越 草 地

　　第一梯队红一军政委聂荣臻到达班佑后，曾致电红三军军长彭德怀、政委李富春并转周恩来："一军团此次因衣服太缺和一部分同志身体过弱，以至连日来牺牲者约百人。经过我们目睹者均负责掩埋，在后面未掩埋的一定还有。你们出动时，请派一部携带工具前行，沿途负责掩埋。"十天后，周恩来回电："据三军团收容及沿途掩埋烈士尸体统计，一军团掉队落伍与牺牲的在四百以上。"而红三军由于最后出动，过草地时，沿途的树皮、野菜都已被采光，因而处境更惨，损失更大。红三军带队担任收容任务的王平回忆说："过班佑河时，他看到对岸有数百人，背对背坐着，一动也不动。过河后才发觉，他们都牺牲了。只发现一个小战士还有点气，但没有等到背出草地，也牺牲了。"

"身无御寒衣，肚内饥；晕倒爬起来，跟上去，走到宿营地。""天当被，地当床，暴雨来了当蚊帐。""天上无飞鸟，地上无人烟，茫茫草原，蓝蓝的天，只有红军亲眼见。"这些红军留下的诗歌，真实记录了草地的困苦。在如此艰巨的考验和恶劣的环境中，支撑着红军战胜困难、走出草地的，是一种坚决跟党走的革命信念，是红军官兵亲如兄弟的团结友爱之情，是高度的革命英雄主义和革命乐观主义精神。

——曲爱国、张从田：《长征记》，北京：华夏出版社，2016年，第347页。

三军会师 长征胜利

为抗击日本帝国主义侵略，同时抵御国民党军队的"围剿"，红一方面军到达陕北后，先后进行东征和西征，巩固了革命根据地，红军队伍得到了进一步锻炼和发展。此时，张国焘率红四方面军南下同中央分道扬镳后，错误的军事路线在部队中日益失去人心。朱德、刘伯承等一直同他进行着坚决的斗争。1936年7月2日，红二、红六军团历尽艰险，到达甘孜与红四方面军胜利会师，红二、红六军团与红三十二军合编为红二方面军。两军会师后，在朱德、刘伯承、任弼时、贺龙、关向应等力争之下，张国焘不得不放弃错误主张，红二、红四方面军决定共同北上，同中央和红一方面军会合。

1936年10月9日，红四方面军到达会宁，与红一方面军会合。10月22日，红二方面军在将台堡同红一方面军会师。至此，红一、红二、红四三大主力红军胜利会师，中国工农红军长征取得全面胜利，中国革命转危为安。

◯ **历史纵横** ⋯⋯⋯⋯⋯⋯⋯⋯⋯⋯⋯⋯⋯⋯⋯⋯⋯⋯⋯⋯⋯⋯⋯⋯⋯⋯⋯⋯⋯⋯⋯⋯⋯⋯⋯⋯⋯⋯

> 不管人们对红军和红军在政治上所代表的事业有什么样的看法，谁都不可能否认他们的长征是军事史上的一个伟大业绩⋯⋯与红军长征相比，汉尼拔越过阿尔卑斯山简直是假日旅行而已。⋯⋯
>
> 从某种意义上说，这次大规模转移是历史上最大的武装宣传旅行。
>
> ——埃德加·斯诺

红军为什么没有第三方面军？

中国工农红军只有一、二、四方面军，而无三方面军，是在第二次国内革命战争时期各革命根据地红军发展的过程中，情况发生变化造成的。

1930年5月，中共中央召开了全国苏维埃区域代表会议和全国红军代表会议，决定将活动于闽西和赣南以及湘鄂西、湘鄂赣、鄂豫皖等革命根据地的红军，分别改编为第一、第二、第三、第四军团，还准备在这四个军团的基础上继续扩大红军，然后再把它们编成四个方面军。根据这个计划，红一、二、三军团相继成立。第一和第三两个军团组成后，按原定计划，本应在短期内迅速扩大，然后分别编为第一和第三方面军。但是，1930年8月下旬，一、三军团在湖南会师后，在两个军团的前委联席会上，以彭德怀为书记的三军团前委提议成立第一方面军和总前委，三军团编进第一方面军建制。这就是说，三军团不再扩编为第三方面军。彭德怀还说："从战略方针来看，我赞成三军团编为第一方面军的建制，统一指挥，这是革命的需要。"一、三军团前委联席会议通过三军团前委这一提议，并一致同意朱德为总司令，毛泽东为总政委和第一方面军总前委书记。这样，第三方面军就没有成立。

长征之前，1933年秋，中央军委也曾有过把新成立的七、八、九、十这四个军团合编为第三方面军的计划，但第五次反"围剿"失败后，由于这四个军团一部分组成北上抗日先遣队，一部分跟第一方面军参加长征，所以合编计划未能实现。

第二章

征战云南 绝地重生

中国工农红军在云南实现了长征
政治方向和行军路线的重大转折

遵义未尽　扎西完成

　　遵义会议以后，中央红军经历了土城之战，一渡赤水，集结扎西。1935年2月4日至14日，中央红军第一次进入云南，在威信县召开扎西会议。扎西会议是在遵义会议后仅26天召开的又一次重要会议，对贯彻遵义会议精神、实现党和红军的战略转变起到了重要作用，是遵义会议的继续、拓展和完成。

扎西会议旧址

遵义会议　伟大转折

　　20世纪30年代，面对日寇的野蛮侵略，国民党反动派置民族危亡于不顾，向革命根据地连续发动五次大规模"围剿"。1933年秋到1934年10

❂ 阅读聚焦 ···············

面对紧迫的战局，红军连续转移，遵义会议的相关决定留待落实。

··

月，在中共中央"左"倾错误军事路线的指挥下，中央红军第五次反"围剿"以失败告终。中共中央书记处作出中央主力红军撤离中央苏区、实行突围转移、北上抗日的决定，组成"三人团"——临时中央总负责人博古负责政治决策，德国军事顾问李德负责军事指挥，中革军委副主席周恩来负责军事准备计划的实施。

1935年1月7日，红军成功突破乌江，攻克黔北重镇遵义。经过通道、黎平、猴场几次会议的讨论，对于中央在军事指挥方面的错误问题，大多数中央领导人基本达成一致意见。在此形势下，召开政治局扩大会议，总结第五次反"围剿"以来的经验教训，纠正军事领导错误的条件已经成熟。

1935年1月15日至17日，党中央在贵州遵义召开了具有伟大历史意义的政治局扩大会议。经过三个晚上的激烈争论，遵义会议作出四项决定：1. 增选毛泽东同志为政治局常委；2. 指定洛甫（张闻天）同志起草决议，委托常委审查后，发到支部中去讨论；3. 常委中再进行适当的分工；4. 取消长征前成立的"三人团"，仍由最高军事首长朱（朱德）、周（周恩来）为军事指挥者，而周恩来同志是党内委托对于军事下最后决心的负责者。

遵义会议是中国共产党第一次独立自主地运用马克思列宁主义基本原理解决自己的路线、方针和政策方面问题的会议，结束了王明"左"倾冒险主义在党中央和红军的统治，开始确立以毛泽东同志为主要代表的党中央新的领导集体，在极其危急的关头挽救了党，挽救了红军，挽救了中国革命，在中国共产党和红军的历史上，是一个生死攸关的转折点。

由于遵义会议是在战争环境下召开的，时间很紧迫且没有作出书面的决议，所以还存在一些未尽事宜。在组织上，遵义会议做了一些调整，毛泽东被选为政治局常委，同时决定常委中再进行适当的分工。但事实上，按照党的民主集中制的组织原则，遵义会议后中央工作的最高领导人仍为博古，领导班子的真正转换并未实现。在军事指挥上，遵义会议决定取消"三人团"，但此时毛泽东作为军事上反教条主义军事路线的主要代表却并未进入军事指挥圈。因此，遵义会议并未彻底解决军事指挥权转换的问题；在军事行动和军事编制上，长征以来庞大臃肿的"大搬家式的行动"亦未改变。虽然遵义会议已提出红军的行动须有高度的机动性，但由于组织上、军事指挥上转换尚未完成，这种主张尚局限于理论上，未得到具体的贯彻执行。在现实层面，直到扎西会议，上述未尽事宜才得以真正解决——扎西会议完成了遵义会议没有完成的任务，是遵义会议的继续和最后完成。

一渡赤水　集结扎西

由于战事紧迫，遵义会议开到17日便被迫停止，中央常委的分工和会议决议都没来得及确定，红军不得不再次踏上征程。为摆脱国民党军队的围追堵截，中央红军实行北上的战略方针，于18日离开遵义，计划在黔北重镇土城镇消灭敌军后北渡长江，与红四方面军会合。

1935年1月19日，中央红军从遵义一带分三路向西行军，朝着赤水河挺进，欲进入川南，北渡长江。而此时，国民党中央军薛岳兵团周浑元、吴奇伟两个纵队共8个师，黔军王家烈部的3个师，川军的10多个旅向红军包围而来。27日，率先抵达土城的先头部队红一军团在赤水县城附近的黄陂洞、复兴场与川军遭遇，展开激战，前进受阻。回头望，身后的川军又紧紧追来。在遭遇敌军前后夹击的危急关头，毛泽东、朱德、周恩来、刘伯承等红军领导人商议，选定了土城镇外5公里的青杠坡作为反击之地。毛泽东决定利用当地的有利地形，集中优势兵力，对尾追不舍的川军实施合围夹击。毛泽东的部署是：红一军团继续北上夺取赤水城，以红三军团3个师、红五军团2个师占领土城镇以东地区的两侧，迎击敌人。总司令朱德亲临三军团指挥，参谋长刘伯承坐镇五军团。

第二日凌晨天还未亮，战斗便打响了。红三军团和红五军团向青杠坡北端营盘顶的川军发起冲锋，在营盘顶这个面积不到1平方公里的山顶阵地上，激烈搏杀。红军经过数十次冲锋，终于攻下营盘顶，向永安寺推进。战斗中，红军的伤亡很大，牺牲约两千人。直到这时，红军才意识到此前截获的敌军情报或许有误，对于敌军兵力估计出现了失误，时任军委总部作战参谋的孔石泉曾有这样的回忆："我们在土城那一仗没有打好，因为对敌人估计不足。敌人发的报我们收到了，但把'旅'翻译成了'团'，因此估计敌人是两个团的兵力。"[1]更危险的是，川军增援部队正源源不断地奔来。

下午5点，中共中央在土城召开了政治局成员和军委负责人紧急会议。会议决定，为保存实力，变被动为主动，红军立即轻装，从土城一带西渡赤水河，向川南前进。1月29日凌晨3点，朱德下达了渡过赤水河的行动命令。中央红军分左右两路同时渡河，准备继续寻找战机从宜宾、泸州北渡长江——这就是红军一渡赤水。1月29日，红一师在元厚场渡口准备渡河时，毛泽东向师长李聚奎、政委黄胜、政治部主任谭政介绍遵义会议的情况时，就谈到部队缩编等问题。他说："部队到扎西以后要进行缩编，准备把师改为团。"[2]具体缩编工作则始于转进扎西途中。彼时，国民党军队并未放松对红军的围堵，大力封锁长江，阻挠红军北渡。当时，红军发现在古蔺西部、云贵川三省的交界处有一个空隙地区，素有"鸡鸣三省"之称。这就是云南省威信县，俗称扎西县，地处滇东北的一个角落。

扎西是一座历史悠久的古镇。据史书记载，扎西镇在很久以前叫九龙溪，据说得名于九条清澈如镜的溪流从环绕的四山汇入扎西坝子。明朝时，九龙溪改称九龙坝，有著名的风水学先生说扎西是块风水宝地：坝子四周九条山脉如龙环卧，山川秀丽，人杰地灵。关于扎西地名的由来，有三种不同的说法，其中流传最广的说法是，扎西即为彝语"扎息"，意为

---

1 北京晚报：《红星》，北京：北京日报出版社，2016年，第115页。
2 李聚奎：《遵义会议前后》，载《遵义会议的光芒》，北京：解放军出版社，1984年，第115—117页。

"群山环绕下茂密森林中的一片水凼子"。纵观扎西坝子，面积约5平方公里，东南有乌龙山，西北面是峨通山。由于扎西非常偏僻，滇军正规军难以在短时间内赶到，所以就成了红军时下集结、休整、摆脱追堵的好去处。

为了保存有生力量，2月3日，中革军委决定：分水岭、扎西、水潦、水田寨为总的行动目标。根据这一部署，红军改向川、滇、黔三省交界的云南境内的扎西地区集中。

➡ **文献链接** ·······································

我野战军应改向摩泥后山铺两河口线向
川滇黔三省交界之分水岭、扎西等地集结
（一九三五年二月三日）

林、彭、杨、董、李、罗、蔡：

甲、我一、二两师于昨今两日继续在三岔河、永宁被截，我野战军应改向摩泥后山铺、两河口之线向川滇黔三省交界处之分水岭、扎西、水老［潦］、水田寨地域集结待命，行动另有正式电令。

乙、军委三日十九时电令取消。

朱

三日二十三时

——中共云南省委党史资料征集委员会：《红军长征过云南》，
昆明：云南民族出版社，1986年，第15页。

1935年2月4日至14日，中央红军第一次进入云南威信县。当红军路过此地时，扎西正下着鹅毛大雪，但是红军并没有打扰老街的居民，而是选择冒着严寒在屋檐下睡了一整夜。地处乌蒙山深处的威信县银装素裹，白雪皑皑之中但见一面面火红的军旗迎风飘扬。

中央红军向云南威信县扎西集结的11天行程中，中共中央于2月5日在水田寨花房子、2月6日至8日在大河滩庄子上、2月9日至10日在扎西

江西会馆召开了一系列会议。会议由张闻天主持，参加会议的有毛泽东、张闻天、周恩来、朱德、陈云、博古、王稼祥、刘少奇、邓发、凯丰等，史称"扎西会议"。

决策集大成于扎西

"二月里来到扎西，部队改编好整齐，发展川南游击队，扩大红军三千几。"这是流传在云南威信的一首红歌，名字叫《长征歌》。歌词是红军在扎西整编后的真实写照。通过缩编和加强政治工作，红军减轻了部队负重，精简了机关，加强了部队的战斗力，为开展机动灵活的运动战创造了很好的条件。

扎西会议纪念馆

水田寨花房子会议

博古

张闻天

1935年2月5日，军委纵队由四川石厢子进入云贵川三省交界的云南威信县水田寨。因水田寨位于滇川黔交界处，状似鸡嘴，素有"鸡鸣三省"之称。总部驻在花房子、高坎一带。当晚，中共中央在四梁八柱的古老民宅花房子举行政治局常委会议。

水田寨花房子政治局常委会议改组了党中央，特别是军事方面的领导。会议着重讨论和解决了中央最高层的组织问题，并对中央政治局常委进行了重新分工。会议决定由张闻天接替博古在党中央负总的责任。博古从总负责人位置下来后，担任总政治部代理主任。会议明确毛泽东是周恩来军事指挥上的帮助者，周恩来与朱德负责指挥军事，陈云继续担任军委纵队政委及红五军团中央代表。扎西会议改组了党中央的领导特别是军事领导，自此中共第一代领导集体逐渐形成。

1972年7月5日，周恩来回忆说："我们在扎西川滇黔三省交界叫'鸡鸣三省'的地方住了一天，把博古换下来了，张闻天当总书记，我印象很深。"[1]此次会议使遵义会议要解决而又未来得及解决的组织问题得到了解决，在组织上巩固了遵义会议的成果。

大河滩庄子上会议

1935年2月6日，军委纵队进驻石坎子，7日到达大河滩，司令部驻

1　中共威信县委党史研究室：《中国共产党威信历史·第1卷（1928～1950）》，北京：中共党史出版社，2009年，第368页。

在庄子上。红军到达大河滩的当天，中共中央召开了政治局会议。因为讨论的内容比较多又很重要，因此会议一直开到8日凌晨。大河滩庄子上政治局会议完成了遵义会议关于起草决议和审议决议的决定。会议作出两项重要决策：

🌸 **阅读聚焦**

扎西会议解决了遵义会议没有来得及解决的问题，作出了一系列关系红军生死存亡的重大决策。

第一，会议总结了土城战役的经验教训，根据敌我态势的变化，决定放弃遵义会议制定的北渡长江到成都之西南或西北建立根据地的计划，作出了留川滇边机动"进行战斗与创造新苏区"的新的战略决策，重新确立机动灵活的运动战方针，在运动战中大量消灭敌人。根据会议决定，第二天，中革军委发出《军委关于我军改为以川滇黔边境为发展地区的方针给各军团的电报》，指出："现觉中央及军委决定我野战军应以川滇黔边境为发展地区，以战斗的胜利来开展局面，并争取由黔西向东的有利发展。"

大河滩庄子上

➡ **文献链接** ....

军委关于我军改为以川滇黔边境为发展地区的
方针给各军团的电报

（一九三五年二月七日）

林、彭、杨、董、李、罗、蔡：

甲、根据目前情况，我野战军原定渡河计划已不可能实现，现党中央及军委决定，我野战军应以川、滇、黔边境为发展地区，以战斗的胜利来开展局面，并争取由黔西向东的有利发展。

乙、依此方针，我野战军目前作战任务是：

1. 迅速并立即脱离四川追敌，向滇境镇雄集中。

2. 进行与滇敌作战的一切准备，并争取在该集中地域的休息和缩编。

3. 对沿途地主碉堡，在不妨碍我军行动条件下暂让其存在，如向我开枪阻我前进，应消毁或监视之。

丙、我野战军明八号行动，另电告。

军委

十九时

——中共中央文献研究室、中央档案馆：《建党以来重要文献选编》（第十二册），北京：中央文献出版社，2011年，第48页。

新的战略行动方针的确定，对扭转红军的被动局面以及对后来建立川滇黔游击根据地，有着极为重要的意义。此后，中革军委又相继果断决定乘黔北敌军兵力空虚之机，立即回兵黔北，再占遵义。红军在毛泽东的率领下，采取高度机动灵活的战略战术，挥师东进。在敌军合围之际的空隙间穿插而出，再渡赤水，取得遵义大捷，极大地鼓舞了红军指战员的士气，震慑了敌军。而后，红军三渡、四渡赤水，佯攻昆明，巧渡金沙江，摆脱了被国民党数十万大军围追堵截的困境。

第二，会议讨论并通过了由张闻天起草的《中共中央关于反对敌人五次"围剿"的总结的决议》，史称《遵义会议决议》。《遵义会议决议》

从宏观上总结了井冈山时期一直到长征初期红军战略战术的成功经验与失败原因，充分肯定了毛泽东正确的积极防御战略方针与原则，批判了博古和李德的单纯防御军事路线，宣告了王明"左"倾军事路线在党内统治的结束，对党内长期争论的军事路线问题作出了正确的结论，解决了仗要怎么打的问题，并为中央红军与全国各地红军突围转移、粉碎敌人"围剿"，取得长征的胜利奠定了思想、理论基础。

2月10日，中央政治局在扎西召开营、科以上干部会议，张闻天传达了遵义会议决议。随后，毛泽东、张闻天、陈云等又分别到中央红军各部队传达贯彻，并将《决议大纲》电告中央苏区分局和红二、红六军团及红四方面军，令其认真传达贯彻。遵义会议决议的传达贯彻，对于总结和吸取第五次反"围剿"的经验教训，明辨大是大非，统一全党思想，巩固红军，振奋精神，战胜敌人，起了重大作用。

◎ **历史纵横** ···

张闻天传达遵义会议精神

　　会场临时搭了个木板台子，连标语之类的布置都没有。参加会议的营以上干部随便坐在长凳子上，聚精会神地听传达。

　　闻天告诉大家，上月攻克遵义以后在那里召开了中央政治局扩大会议，对反对敌人五次"围剿"及西征作了总结。他说，我们不能粉碎"围剿"的主要原因不是客观的而是主观的，我们在军事领导、作战指挥方面犯了错误……而十月开始西征的时候，我们思想上又没有明确转移是为了打仗，不是避难搬家。结果来了个大搬家，坛坛罐罐全带上，后方机关庞大，战斗部队只能变成掩护队。

　　闻天做传达时，会场上不时引起议论。大家深受"左"倾路线之苦，本来就有不少不满和牢骚，现在中央的决定讲出了大家的心里话，好像拨开了乌云，看到了晴朗的蓝天。

——刘英：《在历史的激流中——刘英回忆录》，北京：中共党史出版社，1992年，第61—62页。

扎西整编　轻装上阵

　　1935年2月9日，军委纵队到达威信县扎西，总部设在江西会馆。当晚，党中央在江西会馆楼上召开了政治局扩大会议。扎西江西会馆政治局扩大会议传达了《遵义会议决议》精神，落实花房子政治局常委会议和庄子上政治局会议的决定，对革命形势的新变化作出部署。

　　会议根据形势的变化，决定回师东进，二渡赤水，重占遵义，以大规模的运动战调动敌人、消灭敌人。同时，为了适应运动战的需要，会议讨论了中央红军的缩编问题。长征以来，由于博古、李德错误的军事路线，红军损失惨重，有些部队仅存在番号，已名不副实。比如，红三军团六师十八团就在湘江战役中被打散了，只存有番号；红三军团四师十团在扎西整编前，虽然建制还在，但是减员严重，一营、二营损失了三分之一，三营七连、八连只剩六七十人。尽管黎平会议和遵义会议后，中央红军扔掉了一些不必要的辎重，而且将一些机关人员下放到战斗单位，但是红军依然存在机构多、层次多、机关人员冗杂、战斗部队人员缺乏等问题，严重影响了部队机动，很不适应战斗需要。乌江战役时，各部队机关

扎西江西会馆

拖家带口，人拉车推地大搬家，各局、各部、各科稀稀拉拉。黄荣贤在《我所经历的扎西整编》中称："打起仗来，军团部的命令传到师，师传到团，团传到营连，光通信员就四五个来回跑，各机关科室的参谋、干事有的闲着没事干，可我们急得直跺脚……"[1]

1935年2月10日，中革军委正式发布了《关于各军团缩编的命令》。命令中不仅解释了缩编的原因，还对缩编的办法做了具体规定：将中央红军（全军3万多人）由原来的30个团缩编为16个团（另有干部团），分属红第一、三、五、九军团。在扎西对红军进行缩编，这是党中央经过深思熟虑、通盘考虑后在红军长征途中所作的重大决策，也是中央红军在长征中进行的一次具有重要历史意义的军事改革。据考证，在威信发布的《关于各军团缩编的命令》系红一、二、四方面军长征途中对战斗部队发布的唯一缩编令。此外，扎西缩编还是红军长征中进行的最大一次缩编，它标志着中共中央彻底纠正了博古等人"战略搬家"的错误指导思想。

➡ **文献链接** ·····································

中革军委关于各军团缩编的命令

（一九三五年二月十日）

甲、为适应目前战斗的需要，并充实各连队的战斗力，以便有力地消灭敌人有生力量，便于连续作战，军委特决定实行缩编各军团的战斗单位，并规定具体办法如下：

1. 一、三军团均取消现有师部的组织，各以新颁布团的编制表编足四个团；

2. 五军团将现有的三个团依新颁布的编制编为两个团；

3. 九军团将现有人数（军团部在内）以五分之三的人数依新编制编为一个团，并入五军团为其第三个团，其余五分之二的人数编入三军团；

4. 一、三军团军团部应依颁布的新编制改编，其多余的人员应尽量补

1　中国工农红军长征史料丛书编审委员会：《中国工农红军长征史料丛书·回忆史料2》，北京：解放军出版社，2016年，第67页。

充到战斗连中去，其一部经过宣传与选拔，可成立游击队，在地方活动；

5.五军团部应依照师部的编制改编，多余的人员处理与上项同。

乙、为实行上项缩编，各军团应在干部与战士中进行必要解释的充分准备工作。

丙、各军团的新兵，一般的应利用此次缩编补入到各战斗连中去，惟大烟瘾尚未戒脱的新战士，仍留新兵连训练。

丁、各军团应利用休息的间隙期中进行缩编，其日期由军委个别命令规定之。

右令
林军团长
聂政委

　　　　　　　　　　　　　　　　　　主　席　朱　德
　　　　　　　　　　　　　　　　　　副主席　周恩来
　　　　　　　　　　　　　　　　　　　　　　王稼祥
　　　　　　　　　　　　　　一九三五年二月十日二时于扎西

——中共中央文献研究室、中央档案馆：《建党以来重要文献选编》（第十二册），北京：中央文献出版社，2011年，第78—79页。

　　在对部队进行缩编的同时，部队还进行了"轻装"——对影响部队行军的物资和辎重进行彻底清理。军委决定，凡是两个人抬不动的东西都丢掉，红军于是将400多件笨重的装备和器材破坏后丢弃。如军委卫生部有一台X光机，这是上海地下党的同志费了很大的努力才弄到中央苏区的，长征时又从江西抬到扎西。卫生部部长贺诚舍不得扔下这个"宝贝"。毛泽东闻讯后做贺诚的工作："将来革命胜利了，X光机有的是，不要舍不得，让抬机器的民工去充实连队。"这样，贺诚才忍痛将它留下来，寄存在大河滩附近的杨家寨一个老乡的家里。

　　通过缩编和加强政治工作，红军减轻了部队负重，精简了机关，加强了部队的战斗力。红军部队充满了"不怕打，不怕走，不怕饿，不怕累"的战斗精神，为后来红军开展机动灵活的运动战创造了很好的条件。1935 年 10 月 19 日，中央红军到达陕北吴起镇后，陆定一、贾拓夫合作编写的《中国工农红军第一方面军长征记·长征歌》就称赞了扎西缩编的成果：

> 二月里来到扎西，
> 部队改编好整齐。
> 发展川南游击队，
> 扩大红军三千几。

扎西会议的历史意义

扎西会议是遵义会议之后的又一次重要会议，是遵义会议的继续、拓展和完成。会议在组织、政治、军事、战略、队伍建设等多个方面，作出了一系列关系红军生死存亡的重大决策。

📖 阅读聚焦 ⋯⋯⋯⋯⋯

扎西会议是遵义会议的继续、拓展和完成。

组织上，改组党中央的领导特别是军事领导。张闻天接替博古在党中央负总责，毛泽东为周恩来军事指挥上的帮助者，这样的安排，保证了毛泽东灵活机动的战略战术的充分发挥。党的第一代领导集体和领导核心在遵义会议的胜利中产生，在扎西会议改组党中央的领导和军事领导后逐步形成，从此中国革命有了正确的领航人。

政治上，审议通过《中共中央关于反对敌人五次"围剿"的总结的决议》（即《遵义会议决议》）并传达《遵义会议决议》精神。《遵义会议决议》首次对毛泽东军事思想进行系统的概括和总结，是指导红军如何打仗的纲领性文件，保证了毛泽东的政治、军事等主张能够在党内和红军中贯彻实施，实际上确立了毛泽东在全党、全军的领导地位。

军事上，改变渡江计划，决定建立川滇黔根据地，部署全国苏区和红军的战略方针与组织领导。一方面，成立中共川南特委和红军川南游击纵队，牵制打击敌人，有效地配合中央红军主力的战略转移；另一方面，部署全国苏区和红军的战略方针与组织领导，开展游击战争，有效地保存了红军的有生力量。

战略上，作出回兵黔北的战略决策。红军二渡赤水，重占遵义，以全面的运动战调动敌人，争取了战争的主动权。遵义战役的胜利，充分显示了机动灵活的运动战的巨大威力，奠定了四渡赤水胜利的基石。这是新的党中央调整战略方针，从胜利走向胜利的开始。

队伍建设上，彻底精简、缩编、轻装、充实连队。根据土城战役的经验教训，党中央果断改变了过去"上重下轻"的组织形式和搬家式的行动，提高了红军的指挥能力和机动作战的能力，为后来三渡赤水打胜仗创造了有利条件。

扎西会议明确了一系列事关党和红军生存与发展的重大决定和决策，圆满解决了遵义会议提出但尚未来得及解决的重大问题。《中国工农红军长征过云南史》记载，遵义会议是党的历史上一个生死攸关的转折点，而扎西会议的重大决定以及随后的三渡赤水等一系列重大行动，则保证了遵义会议后开创的历史性转折得以实现，即从组织上、军事上完成了以遵义会议为标志的中国革命的伟大历史性转折，为长征的胜利奠定了基础。[1]

2020年1月，习近平总书记在云南考察时对扎西会议给予高度肯定："扎西会议改组党中央的领导特别是军事领导，推动中国革命走向胜利新阶段。"[2]历史也将永远铭记这个崇山峻岭中的小城——扎西。

1　中共云南省委党史研究室：《中国工农红军长征过云南史》，昆明：云南人民出版社，2006年，第41页。

2　云南威信：扎西红色小镇的红色元素 https://m.gmw.cn/baijia/2021-06/24/34947707.html

历史纵横 ··

扎西会议会址

云南威信县，原有一会馆。左侧两层楼，中间有大殿。

红军长征时，总部住里边。伟大毛主席，安排部署战。

召开军委会，英明作决断。声东而击西，川滇黔辗转。

四渡赤水河，巧过金沙险。接着爬雪山，继而过草原。

过关又斩将，步步直向前。节节得胜利，北上得实现。

全国解放后，旧址重修建。毛周朱旧居，原样没有变。

建了纪念碑，又建纪念馆。还有陈列室，革命文物展。

——梁经书:《红色旅游之歌》，

北京:大众文艺出版社，2009年，第52页。

中央红军巧渡金沙江

1935年4月29日，中革军委在鲁口哨发布《关于我军速渡金沙江转入川西建立苏区给各军团的指示》，决定抢渡金沙江，转入川西消灭敌人，建立苏区根据地。"4·29"渡江令发布以后，红军迅速研究部署并胜利渡江。

油画《巧渡金沙江》（张漾兮绘）

巧获地图　决策渡江

"曲靖公路上，巧获两件宝；地图辨方向，白药治伤号；渡江走捷径，龙云有'功劳'。"这是云南省曲靖市经开区西城街道西山脚下一带至

⬤ 阅读聚焦 ....

在云南行军作战期间，中央红军获得了云南的军用地图，中革军委于4月29日发布了渡江令。

....

今仍在流传的诗句，讲的是红军当年途经曲靖时发生的一个故事。

1935年4月9日，中央红军突破了贵阳与龙里间的敌军封锁线，跳出了敌人的包围圈，实现了毛泽东关于摆脱敌人、调出滇军就是胜利的战略计划。

4月13日，红三军团军团长彭德怀、政委杨尚昆向中革军委提出"对野战军目前行动之建议"，提出由于"盘江两岸、石山峻峭，易资敌封锁"，建议中央红军迅速渡过北盘江，袭取滇黔咽喉重地云南平彝（今富源）以争取时间和空间，利于红军西进云南占领有利地形，打击滇军。中革军委接纳了此建议后，以"万万火急"致电各军团负责人，红军决定速渡北盘江，先期占兴仁、安龙地区，以取先机。随后，彭德怀和杨尚昆电令先遣部队十一团，赶到北盘江东畔的镇宁县坝草村，在马洞口、白层架两桥掩护主力部队渡江。

4月15日，按照指令到达北盘江畔镇宁县坝草村的十一团立即投入紧张的架桥准备工作。4月的北盘江，春暖花开，但还有几分凉意。春水虽不泛滥，但水流湍急，险滩多。在没有船只也无竹筏的情况下，要让大部队渡江最好的办法就是搭桥，但怎么搭成为先遣部队面临的一个最大难题。

红军驻扎期间，坝草的群众看到红军不乱进人家，买米用柴都给钱，知道他们是一支军纪严明的队伍，是为穷人有饭吃、有地耕，为穷人打土豪分田地的队伍。知道了红军急于渡江，群众都主动站出来帮助红军解决搭桥的难题，他们积极地把自家装粮食的囤箩、门板、大斑竹贡献出来，作为搭桥的材料，军民一起动手将囤箩装上石头，把斑竹捶绒，搓成绳子拴好，再用木板搭上。在大家共同的努力下，一座全长200多米的简易桥梁搭建成功。

4月19日，中央红军全部顺利渡过了北盘江，向云南急进。中央红军胜利速渡北盘江，甩脱了敌军的尾追，进军云南，逼近昆明，进一步削弱了滇北多地和金沙江南岸之敌的防御力量，为抢渡金沙江摸索了经验。

　　为粉碎蒋介石欲将红军歼灭于川滇黔地区的计划，中央红军四渡赤水，于1935年4月23日第二次进入云南。国民党云南省政府主席龙云早在3个多月前就奉蒋介石之命，把滇军主力调去贵州剿堵红军，省内仅剩地方保安武装。红军如此神速地占领了滇黔公路曲靖段，使敌军始料不及。

　　中央红军经富源、沾益、曲靖，于4月27日由曲靖向马龙进军途中，俘获"云南王"龙云由昆明派出的一辆军车，车内载有龙云送给薛岳的比例尺为一比十万的云南军用地图20余份、云南白药1 000多包，另外还有宣威火腿等物资。先遣分队迅速将缴获敌人云南军用地图的喜讯报告给中革军委。

　　缴获军用地图，解决了红军的燃眉之急。4月28日，中央红军进入寻甸县。29日凌晨，中共中央、中革军委在鲁口哨连夜召开负责人会议，参考缴获的军用地图，具体研究北渡金沙江的行动部署，决定避实击虚，迅速抢渡金沙江转兵北进。会上，毛泽东总结的三条意见得到了与会同志的一致认可。当天，中央军委在鲁口哨正式发布了《关于我军速渡金沙江转入川西建立苏区给各军团的指示》，其中明确指出："由于两月来的机动，我野战军已取得西向的有利条件，一般追敌已在我侧后，但敌已集中七十团以上兵力向我追击，在现在地区我已不便进行较大的作战机动，另方面金沙江两岸空虚……因此政治局决定我野战军应利用目前之有利时机，争取迅速渡过金沙江，转入川西消灭敌人，建立起苏区根据地。"[1]

万万火急　巧渡金沙

　　速渡金沙江的命令下达后，各路大军遵照中革军委指示，急行军向金沙江靠拢，一场声东击西、抢渡金沙江的战斗即将打响。30日，毛泽东、朱德、周恩来率中革军委总部进驻寻甸县柯渡镇丹桂村，进一步研究

1　中共中央文献研究室、中央档案馆：《建党以来重要文献选编》（第十二册），北京：中央文献出版社，2011年，第145页。

部署抢渡金沙江。30日晚，在寻甸县柯渡镇丹桂村，中革军委召开会议，对抢渡金沙江进行研究和部署，决定兵分三路抢占金沙江渡口，左翼一军团和右翼三军团分别向龙街渡和洪门渡挺进，军委纵队干部团从中路直捣皎平渡，五军团殿后掩护。周恩来任命干部团为渡江先遣队，总参谋长刘伯承为渡江先遣司令。干部团前卫五连由连长肖应棠带领，中央工作组所属前卫侦察连由李克农带领，星夜向位于禄劝县金沙江边的皎平渡行军。

5月1日，军委纵队从柯渡出发，经鸡街进入禄劝县境，抵达禄劝县翠华宿营。红一军团从冷水沟、羊街、大西村、柯渡等地出发，连克禄劝、武定两座县城。红三军团从鸡街古城一带出发，进至禄劝县九龙宿营。负责殿后的五军团到达寻甸县柯渡宿营。

5月2日，刘伯承、宋任穷率干部团先遣营从团街出发，连夜成功抢占皎平渡渡口，搜索到两条旧船，于当晚渡过金沙江，消灭川军守敌1个排，控制了皎平渡渡口两岸。同时，红五军团从柯渡起程，进入禄劝县境，边阻击掩护边向金沙江挺进。

◉ **历史纵横** ┈┈┈┈┈┈┈┈┈┈┈┈┈┈┈┈┈┈┈┈┈┈┈┈┈┈┈┈┈┈┈┈┈┈┈┈┈┈

六条木船渡金沙

军委纵队干部团于5月2日夜占领了皎平渡渡口，比中革军委下达的"赶于4号上午到皎平渡架桥"的命令提前了2天。因水深流急，没有办法抛锚，加上敌人早将可供红军架桥的材料烧毁或藏匿，架设浮桥的计划未能实现，红军只能通过木船渡江。当时红军只夺得5条船，其中1条还不能用，找到更多的船只成为红军成功渡江的关键。

干部团先遣营一面指挥渡江一面指示搜寻渡船，船工中有人提出上游鲁车渡两岸有2条船，但那儿有湾塘，是有名的老虎口，一不小心就要翻船。傣族船工李有才自告奋勇，带领红军战士借着星光，急行15公里赶往鲁车渡，夺得了1条船。一行人乘着这条船到了江北岸傣族船工康坤开的马店，经过工作，康坤连人带船与红军一起前往皎平渡。

最后，红军总共找到6条可用木船，以及张朝满、周德安、夏二糖等

37位船工，为红军摆渡。正是靠着这6条渡船，中央红军战胜了金沙江的天险和敌军的追击，实现了伟大的战略转移。

5月4日，红一军团赶到龙街渡口，由于渡江工具不足，加之金沙江对岸川军的阻挠，渡江行动难以进行。红三军团也于4日赶到了洪门渡，先头部队十三团在渡口两岸无敌防守的情况下顺利夺占渡口，但只找到1条小船和9名船工，由于湍急的水流，渡江进展十分缓慢。

正当一军团在龙街渡口找不到渡船无法渡江，三军团在洪门渡口仅靠1条小船摆渡之际，中共中央、中革军委从一、三军团眼下所处的困境考虑，从战略全局出发，当机立断，改变计划。为了赶在敌人追到江边之前使中央红军全部渡江，5月5日，中革军委主席朱德紧急电示：红一军团和红三军团（除继续在洪门渡渡江的十三团）前往皎平渡渡江。

➡ **文献链接** ···

关于我军在绞［皎］平速渡河的指示

（一九三五年五月五日）

林、聂、李、黄、陈、刘：

甲、军委纵队本日已渡河完毕，三军团七号上午可渡毕，五军团在绞［皎］西以南任掩护，定八号下午渡江，敌人八号晚有到绞［皎］西可能。

乙、我一军团务必不顾疲劳于七号兼程赶到绞［皎］平渡，八号黄昏前渡完毕，否则有被敌隔断危险。

丙、从龙街经白马口、志力、鲁车沿河小路直达绞［皎］平，二百四十里间不能过马行旅，如绕绞［皎］西里程或较多，则你们必须日行百三四十里以上，由你们决定，但时限不能延误。

丁、鲁车两船已集中绞［皎］平，志力闻已停渡。但白马口、大平地今夜须即刻查明，派队抢船，如得手，依船数即以一部或大部从此渡河则更捷便。

朱

五号

——中共云南省委党史资料征集委员会：《红军长征过云南》，
昆明：云南民族出版社，1986年，第30页。

7日，红三军团完成渡江；8日，红一军团连夜开始渡江，于次日凌晨完成渡江；9日，负责殿后掩护的红五军团顺利渡江。从5月3日到9日，红军各军团分别从皎平渡、洪门渡、树桔渡等渡口渡过金沙江。至此，红军3万余人顺利完成了战略转移，距离毛泽东作出抢渡金沙江决策仅11天，渡江共耗时7天。在此之前，长期担任牵敌任务而独立作战的红九军团在军团长罗炳辉、政委何长工的率领下，于5月5日晚从东川树桔渡渡口顺利渡过金沙江。渡江后，总参谋长刘伯承曾颇有感触地对干部团政委宋任穷说道："我们靠什么在这样短的时间，走这么远，执行这样艰巨的任务？靠的是无产阶级的政治，靠的是毛主席的正确路线的领导和红军指战员们的高度阶级觉悟！"[1]

红军全部渡江以后，敌人的大队人马赶到金沙江南岸，渡船已被红军全部烧毁，他们只好望江兴叹，徒呼奈何！至此，中央红军在敌强我弱、敌众我寡、处境极为危急的情况下，凭借智慧及简易的渡河方式，胜利抢渡金沙江，跳出了数十万敌军围追堵截的障壁，粉碎了蒋介石欲将红军"聚歼"于金沙江南岸的阴谋，实现了遵义会议上作出的北渡长江的战略意图，取得了战略转移中具有决定意义的胜利。

中央红军长征途中从1935年2月4日至14日，4月23日至5月9日两次转战云南，历时28天。途经威信、镇雄、富源、宣威、沾益、曲靖、

1　郑广谨：《中国工农红军长征记》，郑州：河南人民出版社，2016年，第298页。

云南禄劝县皎平渡

马龙、寻甸、会泽、东川、巧家、嵩明、昆明、富民、禄劝、武定、元谋17个县，其中，先后攻占威信、马龙、嵩明、寻甸、禄劝、武定、元谋、宣威、会泽9座县城。中央红军离开云南后，各族群众怀念红军，写下了许许多多的歌谣以寄托缅怀之情。这些歌谣广为流传。

中央红军抢渡金沙江进入四川后，由于执行了正确的民族政策，红军顺利通过大凉山彝族区。接着强渡大渡河，飞夺泸定桥，翻越终年积雪的夹金山，6月中旬与红四方面军在懋功会师。红一、四方面军会师后，以北上建立川陕甘根据地为战略方针。红一方面军于10月19日到达陕北吴起镇，先期结束了长征。

◎ **历史纵横** ···

智取皎平渡

先遣营从当地群众中了解到两个重要情况：一是敌军认为皎平渡渡口不是主要渡口，红军不会从这里过江，所以防守不太严密，岸边没有国民党的正规部队驻守，只有一个厘金局和一个由30多人组成的民团；二是渡口南岸有两条木船。根据这一情况，先遣队任命五连为前卫连，任务是夺取船只，控制渡口，强行渡江，过江后马上收拾对岸的敌人。其余两个连和工兵连准备随后迅速跟进。

　　半夜12点，前卫连抢占渡口成功，他们立即用夺来的两条船，将第一、二排送到江北岸，第三排留在江这边警戒。船靠北岸，侦察小组摸上岸去。敌人的哨兵还没来得及盘问一声，便当了俘虏。接着，根据俘虏提供的情况，第一排往左打民团，第二排往右打厘金局，渡船则掉头回去接后续部队。

　　第一排来到民团门口，哨兵问："谁啊？"刚抓来的俘虏按红军的吩咐回答说："自己人，保安队的。"敌人的哨兵再要问什么，两个红军战士已经勒住了他的脖子。十几个战士冲进院内，分头向几处房子跑去，踢开房门大喊："缴枪不杀！"谁知门一踢开，满屋子烟雾腾腾，敌人正躺在床上对着小烟灯吞云吐雾地抽大烟呢。听见这一声喊，这些"逍遥快活"的烟客们开始是昂起脑袋直发愣，接着是举手举枪，连喊饶命。

　　第二排是冒充纳税人进入厘金局的。红军战士一上岸，护送的船民就假装上税的人向里面喊道："我们是赶猪卖的，来给你上税。"厘金局头目生怕到手的钱飞了，赶紧从被窝里爬起来，点灯开门。大门一开，红军战士立刻冲上去用手枪顶住了他的脑袋："我们是红军，缴枪不杀！"头目吓得赶紧求饶，其余的人也都缴枪投降了。

　　就这样，红军战士没费一枪一弹，没有损失一个人，就巧取了皎平渡渡口。

红二、红六军团征战云南

中央红军到达陕北后，在湘鄂川黔边区的红二、红六军团于1935年11月19日告别根据地，从湖南桑植的刘家坪和水獭铺（今瑞塔铺）等地出发，突围向湘黔边界转移，开始长征。1936年10月22日，由红二、红六军团整编而成的红二方面军到达将台堡，与红一方面军胜利会师，标志着举世闻名的长征胜利结束。

油画《红二、六军团过云南》（高钟炎绘）

乌蒙回旋　绝境逢生

中央红军（红一方面军）、红四方面军和红二十五军相继开始长征后，位于湘鄂川黔边界地区的红二、红六军团成为南方唯一的红军主力部队。1935年1月，在配合中央红军长征，胜利地开展了湘西攻势后，红

二、红六军团全力展开根据地建设，对国民党的反动统治构成了严重的威胁。面对国民党军的大规模"围剿"，红军采用灵活战术，紧密依靠根据地人民，多次挫败了国民党军的攻势。

遵义会议召开后，中共中央对红二、红六军团通报了会议情况，并对下一步的行动作出了指示，指出应组织革命军事委员会的分会，并以贺龙、任弼时、关向应、萧克、王震为委员，贺龙为主席，讨论战略战术问题及红军行动方针。

阅读聚焦

红二、红六军团征战湘鄂川黔边区，扰乱敌人部署、牵制敌人力量，有效掩护了中央红军长征北上。

图为贺龙（前排左）、关向应（后）、任弼时（前排右）

1935年10月19日，中央红军经二万五千里长征到达陕北，结束战略转移任务，宣布国民党反动派"围剿"红军的计划彻底破产。但是，蒋介石并没有就此罢休，转而加紧对留守在湘鄂川黔边根据地内负责牵制敌人、策应中央红军转移的红二、红六军团的进攻。为保存实力，建立新的革命根据地，同年11月，在刘家坪召开的会议上，红二、红六军团主要领导人提出让红二、红六军团撤出根据地，实行战略转移。11月19日，红二、红六军团17 000余人在贺龙、任弼时、萧克、关向应、王震等的率领下，从湖南桑植出发，开始长征。

长征之初，红二、红六军团计划在贵州的石阡、镇远、黄平地区创建新的根据地。但由于未能打开局面，红军改为西进以争取在黔西、大定、毕节地区建立根据地。在这里，红军的群众工作开展得有声有色，但是军事方面仍然没能达到预期目标。1936年2月下旬，红军撤出毕节，向乌蒙山北麓前进。在此期间，红二、红六军团三进三出云南，转战乌蒙山，回旋滇黔边，激战虎头山，在滇黔边区转战一个月，与敌人展开英勇顽强的回旋战斗。

1936年3月2日，红二、红六军团主要领导人在贵州赫章的野马川召开会议，决定利用乌蒙山区的地理环境与敌周旋，然后绕道去安顺地区创建根据地。云南方面，滇军的孙渡纵队在昭通、威宁地区堵截，企图与国民党追击部队相互配合，造成夹击之势，逼迫我军北走四川；四川"剿总"总司令刘湘害怕红二、红六军团入川与红四方面军会合，遂派杨森、李家钰等数十个团，到川南和沿江地区堵截。这样，川滇黔诸敌，对我军形成包围态势。

在这敌情险恶、军情紧急的情势下，红二、红六军团总指挥部决定采取回旋打圈子的战术，来对付尾追的敌军重兵。相机应变，红二、红六军团改向西北方向的彝良县奎香镇转进，利用乌蒙大山，与敌人周旋，尽力将敌军向北面调动，以敞开南面或东面的通路，再乘虚摆脱敌人，南进滇东地区。从此，红二、红六军团开始了长征途中最艰险曲折的乌蒙回旋战。

3月6日，红二、红六军团从贵州赫章县进抵乌蒙山区的奎香镇（今属云南彝良），第一次进入云南。被敌人重重包围的红二、红六军团采取声东击西的战术，在大踏步的运动战中调动和打击敌人，积极发动群众，依托人民力量采取灵活机动战术，取得了一次次战斗的胜利。3月8日，红二、红六军团在向西北机动过程中，抓住敌人误判冒进之机，在贵州赫章的以则河南面乐衣沟两侧之高地设伏，取得歼敌2个整连、俘敌近100名的战果。

以则河首战告捷后，红二、红六军团即转入深山，沿山路向东南绕行，拟从镇雄以南跳出敌人包围圈。此时，国民党重庆行营主任顾祝同狂妄地认为，红军是被打得溃不成军，走投无路才闯入深山，便妄想借机歼灭红军。于是，他急令各纵队向镇雄疾进。3月11日，红军从国民党中央军万耀煌纵队两名俘虏口中得悉，万耀煌亲率第十三师从赫章途经则章坝前往镇雄。贺龙、任弼时当机立断，决定改变原计划，立即命令部队火速赶到则章坝，沿途封锁消息，准备伏击敌军。

3月12日，细雨霏霏，红军将士分三路轻装前进，设好埋伏，静待敌军到来。此时，向来自视甚高的敌纵队司令万耀煌，仗着装备优良、兵多将广，根本没把红军放在眼里。随着红军指挥员一声令下，轻重机枪一齐开火，敌军顿时惊慌失措，很快被红军分割包围于桃园和则章坝，首尾不能相顾。

则章坝战斗是红二、红六军团在乌蒙山回旋战中进行的第二次较大战斗，沉重打击了敌军的嚣张气焰。但由于进至镇雄的敌第十三师收缩较快和第九十九师迅速回援，这场战斗歼敌有限，红军最终未能突破包围。这时，尾追在后的万耀煌、郝梦龄两个纵队已渐渐逼近，南面的李觉纵队与红军也相距不远，北面的樊崧甫纵队也在不断寻找红军的踪迹，红二、红六军团陷入自长征以来最为险恶的处境。

在这危急关头，红二、红六军团果断采取敌进我进的方针，直插樊崧甫纵队和郭汝栋纵队的接合部，向西北方向突进。3月14日，红二、红六军团根据贺龙"谨慎行军、秘密突围"的指令，将草人置于阵地前，并在树丛中插满红旗，误导敌军以为红军还在原地。然后，红军昼夜兼程，悄无声息地从敌夹缝中穿插出去，突然西进到敌人纵队外侧，跳出了敌人包围圈。

3月16日，红二、红六军团再次进入奎香地区，第二次进入云南。两天后，敌军才如梦初醒，称中了红军的"空城计"。得知红二、红六军团再次进入奎香的消息后，重庆行营主任顾祝同急忙重新布阵，妄图在镇雄、威宁和昭通地区围歼红军。与此同时，蒋介石判断红军将北渡金沙江，下令沿江修筑严密工事，加强警戒。但是，红二、红六军团再次出敌不意，在昭通、威宁之间穿过孙渡纵队的防线，而后改向东南行军，直趋滇东，待敌匆匆赶赴滇东时，红军又突然折回贵州。

3月20日，红二、红六军团经贵州赫章转出乌蒙山腹地，向盘江地区前进，分东、西两路，决定攻打宣威县城，在滇黔边创立革命根据地，第三次进入云南。3月23日，红二、红六军团血战宣威城，打退滇军两个旅的进攻，并击溃敌方郭汝栋的先头部队。随后于28日南进到南北盘江之间。至此，红二、红六军团历时1个月，辗转千里的乌蒙山回旋战胜利结束。

乌蒙山回旋战是中国战争史上灵活用兵、巧妙突围的著名战役，是红二、红六军团在贺龙的指挥下，在云贵高原上人烟稀少、气候恶劣、缺粮缺水、瘴疫很多的乌蒙山地区进行的。在近一个月里，红二、红六军团穿插于敌阵之中，二进奎香，三入云南，克服了无数艰难险阻，摆脱了强敌的围攻，和敌人兜圈子、捉迷藏，伺机歼敌，争取主动，成功地突破了国民党军的围追堵截，打出了一场被毛泽东称为奇迹的回旋战，也就此写下了贺龙军事生涯中的神来之笔。

横扫滇西　渡江北上

　　红二、红六军团采用机动灵活、穿插迂回的战略战术，穿过孙渡纵队所控制的昭通、威宁防线，于3月20日，从威宁进入宣威，第三次进入云南。3月22日进入宣威县的徐屯、来宾铺地区。红军本拟在此休整几天，不料接到侦察员报告国民党滇军第一旅将于明日扑来，企图阻止我军南下。贺龙、任弼时、关向应等人商议后决定在来宾铺迎击该旅，杀杀滇军气焰，为进入盘江地区打开通道。

　　3月23日晨，大雾弥漫。国民党滇军第一旅的刘正富立功心切，亲率其部出宣威城，向来宾铺扑来。8时许，红军诱敌小分队在虎头山北侧紫灰山一带与刘旅先头部队遭遇。小分队奋勇攻击，击退刘旅先头部队。9时左右，刘正富令其嫡系一团向高家村一带红军阵地发起攻击；又令保安团一个团，一个旧独立营向猪街子沟一带红军阵地袭扰。红十七师四十九团与五十三团配合击溃刘旅一团，红四师十团击溃保安团和独立营。

　　激战一日，刘旅伤亡一半以上。由于国民党滇军孙渡纵队赶来增援，贺龙下令主动撤出战斗，来宾铺战斗宣告结束。这次战斗，国共双方投入兵力都在万人以上，是红二、红六军团入滇后的第一次大规模战斗，粉碎了敌人的围攻，使红二、红六军团声威大震，滇军气焰受到沉重打击，为红军在滇黔边打开局面、创建新苏区创造了有利条件。

◎ **历史纵横** ··

关于宣威来宾铺战役
——访问周仁杰同志谈话摘要

宣威来宾铺战役是红二、六军团在云南打的最大的一仗……这一仗我们是在虎头岭、来宾铺一线展开，规模很大，是战役性的，带有战役背景。说它是战役，一是看投入的兵力，一是战略意图。当时，我们从贵州的黔西、大方、毕节撤出，与敌人在乌蒙往回旋。敌人主要是中央军，成天地追啊，阻啊，拦啊！经过二十多天的艰苦斗争，我们从敌人的包围圈里钻出来，来到离宣威县城十多公里的来宾铺。我们打这一仗，是为了占领宣威，扩大红军影响，在滇黔边建立根据地；如不能建立根据地，也为顺利渡过金沙江创造有利条件。

来宾铺战役，部队打得英勇顽强，给敌军以重大杀伤，我军也付出较大的代价。四师十一团政委黄文榜、十二团团长钟子廷牺牲了。钟子廷同志是贺龙的警卫员，小个子，打仗很勇敢，是一个很好的同志。师政委晏福生同志和一位团政委负了伤。是役，我军共牺牲三百一十四位同志，由群众分十一处掩埋；伤员也大都抬走了。部队撤出战斗后，翻过来宾铺东面的大山，在滇黔边境休整了两天。

——中共云南省委党史资料征集委员会：《红军长征过云南》，
昆明：云南民族出版社，1986年，第365—367页。

3月23日，红二、红六军团接到红军总部来电——指示在"渡河技术有把握条件下及旧历三月水涨前，设法渡金沙江"，北上甘孜与四方面军会合；同时提出五个渡河参考地点。

➤ **文献链接**

建议二、六军团在水涨前设法渡江电
（一九三六年三月二十三日）

贺、任、关：

1. 我们自动放弃天芦，已进占道孚、炉霍，即取甘孜、瞻化、雅江，现懋功、丹巴、崇化、绥靖仍在我手。

2. 一、三军（团）二十五军近过黄河，在汾水、黄河间活动，二十六军仍在陕北苏区。

3. 刘湘、邓锡侯、刘文辉部在天芦、灌县、威茂一带防我反攻，孙震（前田部）进锦阳、平武、松潘，李家钰约九（个）团在会理、西昌一带及金沙江沿岸阻隔你我会合要道，薛岳周吴部十八（个）团驻雅州泸定，李韫珩六个团驻康定，有开三（个）团守雅江。

4. 因你们善用机动战，已将你处敌军陷入严困状态中，李觉部早图调回湖南，已伤亡过半。万师受打击请整。裴、郝师均叫苦。樊纵队亦疲劳，似滇军肯积极，敌大部似落在你们五六天后，如趁此时过金沙江尚有可能，李家钰九（个）团分散甚宽，战斗力亦不强。

5. 我们建议在你们渡河技术有把握条件下及旧历三月水涨前，设法渡金沙江。

（1）在蒙昭一带渡河，该处渡船多，渡口多，但须先抢到手。经会理、盐源到雅江与我们会合，大举北进。

（2）第二渡河区在绞〔皎〕平渡、鲁车渡渡河亦可，但船少。

（3）元谋龙街亦可渡。

（4）如上述三处不能渡河时直经禄劝、武定、元谋，进姚安、大姚、盐丰一带设法渡河，到华平永北一带便为稳妥。

（5）若西上即到邓川、鹤庆、丽江，过维西、中甸、阿子经德荣、定乡，可到巴安与我们会合。

6. 此道即暑天亦应多备冬衣。

7. 过金沙江后即可休息整理缓进。

8. 如果你们决定后我们即布置接应你们。

9. 如你军并不十分疲劳，有把握进行运动战时，则在滇黔边行动亦好。

朱、张

23 日

——史石：《金沙江的记忆：红军长征过云南纪实》，
昆明：云南人民出版社，2006年，第198—199页。

红二、红六军团自来宾铺战斗后，分兵两路，于1936年3月28日、29日先后进占黔西南的盘县、亦资孔地区。

为作出正确而科学的决策，3月30日晚，中共川滇黔省委和中革军委湘鄂川黔分会会议在盘县县城"九间楼"内召开，史称"盘县会议"。

会议决定放弃留滇黔边建立根据地的计划，执行中革军委北渡金沙江的指示。

➡ **文献链接** ···

关于二、六军团北进与主力会合或留川滇边活动请示电

（一九三六年三月二十九日）

朱、张：

长电悉。

（一）我军自离开毕节后，在彝良、镇雄地区直至进入滇境之先的不（长）时期内因粮食缺乏，气候奇寒，居民房屋稀少，急行军和多半时间露营，故部队已相当疲劳，减员亦颇大（以则河、则章坝及宣威城北战斗共伤亡千人左右，落伍开小差总共在二千人左右），惟近日又在恢复疲劳中。

（二）在目前敌我力量下（即包括敌之樊、郝、万、郭、李、孙等纵队），于滇黔川广大地区内求得运动战中，战胜敌人，创立根据地的可能。我们认为还是有的。

（三）我们渡河技术是很幼稚，但如在第三渡河点或最后路线通过在春水涨之前未［或］不致感到大的困难。

（四）最近国际和国内事变新发展情况，我们不甚明了，及在整个战略上我军是否应即北进及一、四方面军将来大举北进后，我军在长江南岸活动是否孤立和困难，均难明确估计。因此，我军究应此时北进与主力会合抑或应留在滇黔川边活动之问题，请军委决定，并望在一二天内电告。

（五）我军于昨二十八日进占盘县，集结在盘县亦资孔之线。

贺、任、关

29日24时

——中共云南省委党史资料征集委员会：《红军长征过云南》，

昆明：云南民族出版社，1986年，第34—35页。

普渡河铁索桥

4月1日，根据盘县会议的决定，红二、红六军团总指挥部以红二军团为右翼，红六军团为左翼，向云南疾进，第四次进入云南，开始了以抢渡金沙江、北上会师为目的的战略行动。当日，红二军团进抵云贵交界纸厂一带，红六军团进入富源县的营上、民家、赫岩一带。4月2日，红二、红六军团全部进入云南平彝县境，随后向滇中疾进。

红二、红六军团兵分两路沿一年前中央红军的路线奔赴金沙江。蒋介石迅速调整部署，派张冲率重兵在西侧封锁红二、红六军团抢渡金沙江的必经之路——普渡河铁索桥，同时，派孙渡纵队加速从东面追击，企图把红军消灭在普渡河沿岸。普渡河铁索桥位于禄劝县东南，是寻甸、嵩明通向金沙江的重要孔道。铁索桥的两边都是高山，上下数十里；河面虽只有二三十米宽，但水流湍急，涉渡困难。

4月8日，红二军团四师先头部队赶到普渡河铁索桥东岸，红军与先机抢占铁索桥之滇军发生激烈战斗。红十二团从铁索桥下游1公里处渡河成功，后续部队准备继续过河。由于敌人占据有利地形，加上敌军增援部队不断赶到，红二、红六军团总指挥部改变从元谋渡江北上计划，令已过河的部队返回河东岸，向主力部队靠拢。战斗从上午10时打到下午5时，贺龙等人决定放弃原计划，改由滇西金沙江上游渡江北上，避免四面被围。

4月9日，军团总指挥部召开紧急会议，决定分兵两路：红二军团走南路，威逼昆明，迫使龙云将普渡河一带兵力调回昆明；红六军团走北路，迅速西进抢占普渡河上游渡河点。红二、红六军团巧妙地穿梭在张冲、孙渡等敌军之间，从富民、赤鹫渡过普渡河，日夜兼程西进，以破竹之势横扫滇西，把国民党追兵越甩越远。

◉ **历史纵横** ···

普渡河渡口之战

　　对普渡河渡口之战，当时任红六军团军团长的萧克后来有如下回忆：当红二、六军团进到昆明北面百余里准备渡过普渡河的时候，遇到了强大的滇军的堵截，打了个恶战，西渡未成。我们就从普渡河向南，转到昆明附近，又摆出一副"攻其所必救"的架势，打了个圈子转到昆明以西，继续西进，就把堵截的滇军主力甩到后面了。

　　普渡河铁索桥长约三四百米，宽约三米，位于上下大山、大坪山与鹦鹉山峡谷之间，是禄劝县连接寻甸县交界地区的重要通道。因此，能否夺取铁索桥及渡口，不仅关系到红二、六军团能否顺利北渡金沙江，而且关系到红军的生死存亡。作为红四师前卫的第十二团，于四月八日早晨六时赶到渡口时，见铁索桥已被敌人严密封锁，不易攻取，遂决定向下游一华里处的小河塘偷渡。师部率第十团、第十一团赶到铁索桥渡口后，立即命令第十一团及警卫营占领东岸上下大山制高点，监视对岸鹦鹉山守敌，并随时佯作攻击铁索桥的姿态，以掩护第十二、第十团在下游偷渡。

　　普渡河渡口之战，是红二、六军团确定北上方针后，为尽快与红四方面军会师而进行的一场意在突破普渡河防线的激战，是实现以抢渡金沙江为目标的战略转移的重要一步。

——长征大事典编委会：《长征大事典（上）》，

贵阳：贵州人民出版社，1996年，第766—767页。

4月25日至28日，红二、红六军团17 000余人在丽江石鼓至巨甸60余公里地段上的木瓜寨、木取独、格子、茨柯、余化达五个渡口，全面抢渡金沙江，成功摆脱了尾追的敌人。待国民党追兵赶到，他们只看到了红军留下的大幅醒目标语："来时接到宣威城，费心、费心；走时送到石鼓镇，请回、请回。"

越过金沙江后，红二、红六军团进入中甸，先后翻过三座雪山，行程400多公里，战胜了严寒、缺氧、缺粮等种种困难，于5月14日从中甸离开滇境，继续北上，开辟了同红四方面军会师的通道，迎来了即将实现的甘孜会师。在这段艰难的长征路上，160多名红军指战员长眠在了迪庆高原。

1936年3月6日，红二、红六军团首次由贵州赫章县进入滇东北的彝良县境，到1936年5月14日从中甸离开滇境，四进四出云南。红二、红六军团先后在云南境内活动67天，用鲜血染红了长征路。红二、红六军团的长征途经彝良、镇雄、平彝等27个县，攻占了寻甸、富民、盐兴、楚雄、镇南、牟定、姚安、祥云、盐丰、宾川、鹤庆、丽江、中甸等13座县城，摆脱了蒋介石和龙云10万余军队的围追堵截，不仅取得了战略转移的胜利，还在云南播下了革命的火种。

北上会师　军团整编

红二、红六军团在云南中甸地区休整后，兵分两路向甘孜进发，1936年7月2日与红四方面军在甘孜胜利会师。中央得知情况后，指示红二、红六军团合编为红二方面军（红三十二军编入），由贺龙任总指挥，任弼时任政治委员，萧克任副总指挥，关向应任副政治委员。

甘孜会师当晚举行了庆祝两大主力会师的盛大联欢会。朱德总司令登台发表讲话："同志们，我祝贺你们战胜了雪山，也欢迎你们来与四方面军会合，但是这里不是目的地，我们要继续北上。要北上就必须团结一致，不搞好团结是不行的。此外，在我们前进的道路上，还有荒无人烟的草地，我们要有充分准备，克服一切困难。"[1]朱德讲话后，贺龙发表讲话，表示完全拥护朱德的讲话，号召红二、红六军团要搞好同红四方面军的团结，克服一切困难，同红四方面军共同完成到达陕北与红一方面军胜利会合的光荣任务。

红二、红六军团与红四方面军会师后，部队积极准备北上。7月上旬，红二、红四方面两大主力红军从甘孜出发，途经阿坝、包座等地，越过荒无人烟的雪山草地，于8月到达甘肃南部地区。党中央和中央军委决定，乘敌人尚未全部集中和部署就绪之际，迅速实现三大主力红军会师。为此，党一面指示红二、红四方面军迅速北上；一面组织红一方面军分左右二个纵队向南推进，进行接应。1936年10月9日，红四方面军同红一方面军在会宁会师。21日，红二方面军领导人与红一方面军第一军团领导人在平峰镇会面。22日，红二方面军在将台堡同红一方面军会师。

红军三大主力会师，标志着中国工农红军胜利完成了从1934年秋开始的战略大转移的历史任务，宣告了国民党反动派围追堵截聚歼红军阴谋的破产，证明了任何雪山草地般的自然险阻都无法阻挡红军北上抗日的步伐，并为后人留下了取之不尽的思想财富——长征精神。

---

1 中国工农红军长征史料丛书编审委员会：《中国工农红军长征史料丛书·回忆史料3》，北京：解放军出版社，2016年，第289页。

第三章

「长征中心」 红色寻甸

寻甸县具有"中央红军长征时间、空间中心点"的意义。我们不妨把它视作"长征中心"

红色寻甸——中央红军长征的"时空中心"

　　"居丹桂运筹帷幄，渡金沙用兵如神"，这是悬挂在红军长征柯渡纪念馆内的门联，高度凝练地总结了红军长征经过寻甸县的这段光辉历史。1935年4月30日，中央红军进驻寻甸县丹桂村，当天晚上，毛泽东不顾长途跋涉的劳累，步行3里许，来到柯渡红军卫生部驻地看望林伯渠、董必武、徐特立、谢觉哉这四位在党内德高望重的老人及红军伤病员，动员他们做好接下来的行军准备。

雕塑《毛泽东看望四老》(位于丹桂村中央红军总部驻地旧址)

四渡赤水　突入云南

　　1935年1月，党中央在长征途中召开的遵义会议，是我们党历史上一

◎ **历史纵横** ....

长征组歌·四渡赤水出奇兵
（节选）

战士双脚走天下，四渡赤水出奇兵。
乌江天险重飞渡，兵临贵阳逼昆明。
敌人弃甲丢烟枪，我军乘胜赶路程。
调虎离山袭金沙，毛主席用兵真如神。

◎ **阅读聚焦** ....

中央红军四渡赤水，成功突围至云南境内。
....

个生死攸关的转折点。这次会议认真总结了红军第五次反"围剿"及长征初期军事失利的经验教训，确立了毛泽东同志在党中央和红军的领导地位，为中国革命打开了新局面。

但是，蒋介石为阻止中央红军北进四川与红四方面军会合，或东入湖南同红二、红六军团会合，决定于乌江西北的川黔边境地区对中央红军进行"围剿"，调集重兵向遵义地区进逼。然而毛主席指挥若定，用兵如神，率领红军突出了重围。

中央红军过寻甸

◎ **阅读聚焦** ....

中央红军过寻甸，播撒下革命火种。
....

中央红军四渡赤水，南过乌江，佯攻贵阳，调出滇军。趁云南空虚之际，中央红军跳出国民党与地方武装的重重包围，于1935年4月下旬，经过富源、沾益、曲靖、马龙，最终在4月28日分三路进入寻甸县境内。

4月29日，中革军委在寻甸鲁口哨发布了万万火急的《关于我军速渡金沙江转入川西建立苏区给各军团的指示》，即中央红军"4·29"渡江令。在中革军委的部署下，我各路大军紧急朝金沙江进军。

○ **历史纵横** ···

直接指挥渡江先遣队的红军总参谋长刘伯承回忆道：

"四月下旬，我分三路进军云南：一路就是留在乌江北牵制敌人的别动支队九军团，他们打败了敌人五个团的围追，入滇时，占领宣威，后来经过会泽，渡金沙江；另两路是红军主力，攻克霑（沾）益、马龙、寻甸、嵩明等地，直逼昆明。这时，滇军主力全部东调，云南后方空虚，我军入滇，吓得龙云胆颤心惊，忙将各地民团集中昆明守城，我军却虚晃一枪，即向西北方向金沙江边挺进。"

——刘伯承：《回顾长征》，天津：天津人民出版社，1977年，第9页。

4月29日，中央红军三军团从高田、戈夸一线出发，并命令军团四师从七星桥过道院、庙坡进入寻甸坝子，从而解放寻甸城。四师沿着崎岖的小路火速占领了寻甸县城附近的北观、回龙、挖脚等村子，将攻城指挥部设立在了城东北的教场坝村，并且控制了位于城北的制高点青龙山，还在城西"三月三"地区加强了部队警戒，谨防敌人从羊街方向前往支援。同时，还派遣了部分侦察员装作一般百姓潜入城内，准备攻城时与大部队里应外合，打敌军一个措手不及。

早在红军解放马龙之时，寻甸城里的民团就已经成了惊弓之鸟。伪县长李荆石妄图负隅顽抗，一面急电龙云请求支援，一面又召集寻甸城内的牛鬼蛇神开会，商议所谓的出路，甚至还亲临城楼给守城的团兵打气助威，叫嚣着"与城共存亡"，"要坚守寻甸城，为党国效忠"。同时他还加紧了寻甸城保卫队的训练，将城内的民团扩充至百余人，强迫城内外的老百姓每家每户出一名壮丁来参加守城，并且强令由家属来负担壮丁的伙食。城内南门街居民赵某的母亲，因为不忍心让孩子成为国民党反动派的替死鬼，只得以自己单薄的身子替儿子去守城。

29日中午十一时许，红军已经兵临城下，将寻甸县城团团围住。但红军并没有贸然开火，而是优先展开政治攻势，与老百姓们一起向守城民团大喊："红军是穷人的队伍"，"放下武器，不要为土豪劣绅卖命"。随着信号枪响，红军战士开始攻城。红军在东门外居民潘兴仁家屋顶上掀开瓦片，架上机枪，对着城门和城垛扫射；青龙山制高点上的机枪、步枪、手榴弹也如雨点般射向城内；城内的红军看到信号后也与外面的大部队里应外合，一面与城头上的守敌作战，一面打开东门。一时间，枪林弹雨，城外的红军也如潮水般涌入寻甸城内。与此同时，北门也被红军激烈的攻势攻破，寻甸城此时已是四面楚歌，红军"缴枪不杀"的呐喊震彻天际，而城内的团兵则是抱头鼠窜，伪县长李荆石也已经不见踪影。经过一小时的激战，红军攻克寻甸城，击毙、俘虏敌人百余名，还缴获了一批枪支弹药，寻甸这座古城第一次升起了属于人民的红旗。

　　红军进城后，砸开了国民党县衙牢门，解救了一大批长期被关押的无辜百姓。还打开了粮盐仓以及铺子，将90石积谷、1万多尺布、几千斤盐巴等物资分发给当地贫苦百姓。还在街头巷尾进行宣传活动，向群众宣讲"抗战救国""反蒋抗日""打土豪分田地""红军是工农的子弟兵"等革命道理与红军政策。在当地群众的要求和帮助下，红军还成功逮捕了欺压百姓、作恶多端的寻甸县伪司法科科长李景芳、财粮科科长刘俊德、清丈分处处长王名卿，处决了罪大恶极的伪县长李荆石。

⊙ **历史纵横** ⋯⋯⋯⋯⋯⋯⋯⋯⋯⋯⋯⋯⋯⋯⋯⋯⋯⋯⋯⋯⋯⋯⋯⋯⋯⋯⋯⋯

刘胡兰式的小英雄——肖粉香

　　1935年4月29日，军委纵队到达寻甸先锋姚家村宿营。红一军团在军团长林彪的率领下，从红桥出发，经寻甸易隆、塘子进入嵩明县境，袭占杨林兵站，攻克嵩明县城，先头部队挺进到距离昆明15千米的大板桥，形成攻打昆明之势。三军团四师攻克寻甸县城，击毙、俘虏国民党守城官兵百余名，缴获枪支弹药一批。国民党伪县长李荆石见势不妙，逃到县刑长李虎德家马厩楼上草垛里躲起来，恰巧被青铜匠的女儿肖粉香看见。肖粉香向红军报告了李荆石的藏身之处，李荆石被红军生擒。

红军攻克寻甸县城之后打开监狱，放出被关押的无辜群众，打开土豪劣绅的粮仓，把钱粮分给受难群众，同时把"打土豪，分田地""红军是工农自己的队伍"等革命标语书写在城墙上。将国民党伪县长李荆石、财粮科科长刘俊德、司法科科长李景芳、清丈分处处长王名卿等人游街示众，李景芳被愤怒的群众当场打死。在群众的强烈要求下，红军于次日在行军中将李荆石处决。红军走后，国民党逮捕了肖粉香并将其杀害。肖粉香牺牲时年仅13岁。

肖粉香虽然只是寻甸县城里一个普普通通的小女孩，但是她觉悟高、恩怨明、敢作为的人格魅力影响着一代代寻甸人，她的故事载入寻甸史册，不会被岁月淹没。

红三军团攻克寻甸城，为后续部队挺进寻甸、抢渡金沙江的行动提供了很大的便利。5月1日起，党中央及军委纵队，一、三、五军团陆续通过寻甸县境，于5月9日顺利渡过金沙江。

1934年10月，中央红军在几十万国民党军队的围追堵截下，从江西瑞金一路走来，于1935年4月到达寻甸县，并在此地发布了渡江令，顺利渡过了金沙江，从此跳出了国民党大军的包围圈，取得了战略转移中具有

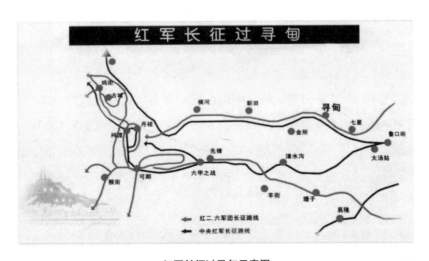

红军长征过寻甸示意图

——中共寻甸回族彝族自治县委宣传部、史志办：《寻甸红色印记》，2021年，第14页。

决定意义的胜利。中央红军巧渡金沙江后，征服空气稀薄的冰山雪岭，穿越杳无人烟的沼泽草地，最终在1935年10月到达陕北。

中央红军长征的"时空中心"

考察中央红军长征的时间跨度可以发现，寻甸县近乎处于中央红军长征行军的时间中心点。从地图位置看，寻甸县位于中央红军长征路线的空间中心点。由此而言，寻甸县在红色资源中具有"中央红军长征时间、空间中心点"的意义，我们不妨将其视作"长征中心"。

1936年8月，红一方面军政治部按照毛泽东指示组织编撰的《二万五千里》(又称《长征记》)一书，是目前能够查到的唯一记载有中央红军长征中每天经过的地点和里程的权威史料。该书详细记录了中央红军371天（1934年10月16日至1935年10月21日）的长征行军情况。根据此书，中央红军是在第196天（1935年4月28日）进入寻甸县的。[1] 参阅《建党以来重要文献选编》记载的1935年4月份的重要文献，可以发现中央红军长征371天的中间点即第186天（1935年4月18日），[2] 前后各拓展15天的时间里（中央红军长征时间跨度的中间30天），在寻甸发布的"4·29渡江令"无疑是最为重要的文献，在寻甸决策和部署抢渡金沙江是最为重大的事件。因此，在寻甸县的5天时间（4月28日至5月2日），可以说是中央红军长征实际意义上的时间中心点。[3]

《二万五千里》一书记载，中央红军长征行军的总里程是18 088里，与后来测绘部门专业测量的结果基本吻合（这是中央红军直属队单纯行军的里程，作战部队的实际行军路线要更为复杂，红一方面军在长征中走得最远的部队行程确有25 000里）。书中记录了中央红军行至寻甸县境时的

1　董必武、李富春等：《二万五千里》，上海：上海人民出版社，2018年，第724页。

2　中共中央文献研究室、中央档案馆：《建党以来重要文献选编》（第十二册），北京：中央文献出版社，2011年，第139—150页。

3　李彦垒：《红色寻甸：万里长征的时空中心》，《党史信息报》2021年9月1日第15期。

行军里程约为10 000里，接近总里程的半数。从直线距离看，瑞金到寻甸、寻甸到吴起镇之间的距离极为接近。中央红军由西进到北上的重大转折，行军路线中转于寻甸，在地图上更是一目了然。

如今，处于"长征中心"的寻甸县在长征史上的重要地位越来越受到重视，如金一南先生在《苦难辉煌》中述及，发布渡江令，"红军的战略方针再次出现重大转变"，"自江西出发就不断在寻找北上途径，一直走到西南边陲，终于找到北上之路"。[1]与此同时，伟大的长征精神也已融入58万寻甸人民的血液之中。继长征精神之后，解放战争时期的顾全大局精神、战天斗地开展社会主义建设的干事创业精神、作为国家级民族团结进步示范县体现出的民族团结精神、全省首批全市首家脱贫摘帽的脱贫攻坚精神等，传承接续，构成了寻甸县独有的红色精神血脉，为寻甸群众留下了丰富的红色资源，为寻甸县巩固拓展脱贫攻坚成效、有力推进乡村振兴、持续改革创新发展注入了不竭动力。

位于寻甸县七星镇鲁口哨村的红军长征浮雕墙

1　金一南：《苦难辉煌》，北京：华艺出版社，2010年，第480—481页。

寻甸县柯渡镇丹桂红军村广场雕塑

万万火急——鲁口哨决策，抢渡金沙江

要记住寻甸革命历史，首先得记住鲁口哨。"万万火急"的渡江令如今已载入史册，当年发布渡江令的这个小村庄也仍然在默默地将历史铭记。

鲁口哨决策

1935年和1936年的春天，红军曾两次经过寻甸，分别作出了抢渡金沙江以及进行六甲阻击战的重要战略决策，实现了长征历程中的重大转变。1935年4月，就是在寻甸县鲁口哨村，中革军委作出了抢渡金沙江的重要决策。

遵义会议后，中央红军北渡长江受阻，经四渡赤水，南渡乌江，兵逼贵阳。蒋介石急令滇军驰援。当各路敌军纷纷

"4·29"渡江令发布遗址

向贵阳开进时，红军兵分三路，向敌人兵力空虚的云南挺进。1935年4月23日，中央红军进入云南。林彪率领的红一军团为左翼，彭德怀率领的红三军团为右翼，董振堂率领的红五军团殿后，罗炳辉率领的红九军团

🌸 **阅读聚焦** ·············

鲁口哨会议的召开使红军的战略方针得到了调整，红军终于找到了渡江北上的路径。

·············

在右侧宣威、会泽一带牵制敌人，军委纵队居中，直指滇中地区。经富源、沾益、曲靖、马龙，红军于4月28日进入寻甸县。

4月28日，毛泽东、朱德、周恩来等人来到寻甸鲁口哨、水平子一带宿营。当晚，在鲁口哨驻地召开了中共中央、中革军委负责人会议，具体研究了北渡金沙江的行动部署，参与会议的还有刘伯承、张闻天、王稼祥、博古、陈云、李富春等中央领导同志。周恩来先让当天值班的孔石泉、王辉汇报了当晚各军团能够到达的地点。随后，他让第二局局长曾希圣谈了对敌情的估计与判断，并让军委纵队的先遣司令吕黎平对照先前缴获的地图，把军委纵队与第一、三军团从所在地到最近的龙街、皎平、洪门三个金沙江渡口的距离和行进路线用红铅笔描画出来。在听完上述汇报之后，毛泽东请朱德、周恩来谈谈如何部署兵力以迅速抢占渡口，实现北上四川的问题，其他中央领导同志也阐述了各自的观点。会议持续到了深夜。

毛泽东在会上提出了三点总结性的意见：一是遵义会议后，我军大胆穿插，机动作战，把蒋介石的尾追部队甩在侧后，取得了北渡金沙江的有利时机；二是云南境内的地形条件，不像湖南、贵州有良好的大山可以利用，我军不宜在昆明东北平川地带同敌人进行大的战斗；三是我军应趁沿江敌军空虚，尾追敌人距我尚有三四天的行程，迅速抢渡金沙江，以争取先机。孔石泉、王辉依据会议决定，立即拟写了发给各军团的电令。

29日，中革军委在鲁口哨正式发布了标注为"万万火急"的《关于我军速渡金沙江转入川西建立苏区给各军团的指示》。这是遵义会议上毛泽东领导地位确立后的首个重大决定，对保存红军实力、顺利实现战略转移具有决定性的意义。渡江令的发布，体现了以毛泽东为代表的中央领导人运筹帷幄之中、决胜千里之外的大智慧，同时也为鲁口哨村在中国历史

鲁口哨"4·29"渡江令发布地遗址雕塑

上增添了光辉的色彩。

电令发出后，中革军委又作出具体部署：以总参谋长刘伯承为渡江先遣司令，组成渡江临时指挥部，统一指挥全军渡江行动，红军兵分三路向金沙江行进，抢占金沙江渡口。具体来说，一军团向禄劝、武定、元谋方向前进，抢渡龙街渡，并且要在行军途中大张旗鼓地攻占城池，以此来制造声势，吸引敌军注意；三军团由禄劝方向直奔金沙江，夺取洪门渡；干部团急行军以抢占皎平渡。五军团为全军殿后，掩护大部队全员渡江；在滇北掩护主力的九军团则找机会袭击会泽，并且就地渡江。

➤ **文献链接** ....

关于我军速渡金沙江转入川西建立苏区给各军团的指示
（一九三五年四月二十九日）

林、聂、彭、杨、董、李、罗、何、邓、蔡：

甲、由于两月来的机动，我野战军已取得西向的有利条件，一般追敌已在我侧后，但敌已集中七十团以上兵力向我追击，在现在地区我已不便进行较大的作战机动，另方面金沙江两岸空虚，中央过去决定野战军转入川西，创立苏维埃根据地的根本方针，现在已有实现的可能了。

乙、因此政治局决定我野战军应利用目前有利时机，争取迅速渡过金沙江，转入川西消灭敌人，建立起苏区根据地。据此，我军部署如下：

1. 行进路线：

A. 三军团为右纵队分两路：右经河脑村、河尾村、甸沙村、万希古江边、核桃菁、上色马；左经寻甸、海头村、海获得、狗街、以才得、法相夏、上包土司前进。

B. 军委纵队及五军团为中央纵队，经鲁口哨、中麦厂、鲁土村、可郎、乐郎、大石桥、耿家村、老诗夏、石板河、马店前进。

C. 一军团（缺一个师）经嵩明、岩峰场、核桃树、小新街、萧家村、禄劝、德明村、法基、大小黑山或自乌花出前进。

D. 一军团另一个师为先头师，于五一到禄劝，以便赶往江边架桥，同时三军团亦须派出先遣团带电台赶往架桥。

E. 九军团则于相机占领东川后，西行至盐厂、盐坝或干盐井渡江。

2. 渡江点第一地段选在云南境内之白马口及太平地，由一军团先头师架桥。第二地段之鲁车渡、志力渡，由三军团先头团架桥。

3. 在渡江前一般应采取较急行军远离追敌，使先头能较敌隔三天以上，后卫应较后，隔本队一天至一天半行程；本队期于五月五号达到江边。

4. 各纵队前进中，遭阻敌应迅速消灭之，城不易攻则绕过之，遇追敌应尽力迟阻，逼紧则以相当兵力击退之。

5. 各兵团应严格执行此计划之规定，关于路线行程及作战部署之每一步的实施均关渡江大计，应力求协同动作不得违悮。

6. 万一上述地段渡江不遂，则应迅速转入元谋西北地区，设法渡江。届时野战军主力应控制在武定、元谋之线，准备打击滇敌。

丙、关于渡江转入川西的政治意义，应向干部及战士解释（内容另告），使全军指战员均能够以最高度紧张性与最坚强意志赴之，应克服疲劳与不正确情绪，行军中应争取少数民族，携带充足粮食，注意卫生与收容掉队。

中革军委

四月二十九日

——中共中央文献研究室、中央档案馆：《建党以来重要文献选编》（第十二册），北京：中央文献出版社，2011年，第145—147页。

"4·29"渡江令下达后，各路大军遵照中革军委指示，急行军向金沙江靠拢，一场声东击西、抢渡金沙江的战斗打响了。至5月9日，中央红军各路大军顺利渡过金沙江，摆脱了几十万国民党军队围追堵截，取得了战略转移以来具有决定意义的胜利。

寻甸鲁口哨会议上作出的决策，改变了中央红军原先的进军路线，真正实现了"西转"，在中央红军伟大长征史上具有重大意义。这是长征中声东击西、避实击虚的一次精彩的军事行动，在关键时刻挽救了红军，改变了红军的命运。这个具有战略意义的重大决策，给红军带来了转机，中国革命从此翻开了崭新的一页。

时光荏苒，当年的寻甸见证了艰苦卓绝、如史诗般壮丽的长征；斗转星移，今天的寻甸业已完成脱贫攻坚的"渡江令"，正朝乡村振兴的康庄大道出发。鲁口哨这个小村庄也长大了，它没有在时光中缩水，原来的人口已增加了一倍，在新农村建设进程中，住房有了较大变化，而不变的是人心，这里的村民还是那样善良纯朴，种的依然是小麦、蚕豆和玉米。他们日出而作、日落而息，与土地相依为命。每个人的心情都很平静，平静得像凤龙湾流淌的水，微风拂过，泛起点点笑意。

鲁口哨"4·29"渡江令发布地遗址是党和红军留给寻甸各族人民的珍贵遗产，它有助于激励全县人民重温长征波澜壮阔的历史、缅怀革命先烈、继承发扬红军光荣的革命传统；有助于激励全县人民奋力推动乡村振兴、为实现中华民族伟大复兴而接续奋斗。

龙 云 献 图

"四月里来豆花香，工农红军过盘江。军阀龙云吓破胆，急电薛岳来帮忙。又派专车又送礼，喇叭嘟嘟跑贵阳。送去茶叶和火腿，还有地图一大箱。心想红军隔千里，哪知红军伏路旁。红军一举把敌歼，捷报传来喜洋洋。军阀官僚和买办，都是运输大队长。"这是一首至今在曲靖一带老百姓中流传的民歌，生动形象地叙述了"龙云献图"的故事。龙云所

"献"为何图？红军战士们又利用这张图做了什么呢？故事还得从1935年4月说起。

1935年4月初，毛泽东在部署围攻贵阳的作战行动时指出，"摆脱敌人，调出滇军"就是胜利。红军要西进云南、渡过金沙江，这是中共中央已经确定的战略方针。但何时、从哪里渡过金沙江，却无人知晓。这既是因为作战形势的瞬息万变，也是因为中央红军尚未掌握云南境内和金沙江流域的地形地貌。23日，中央红军进入云南时，部队只有一份云南省行政区划图，连金沙江渡口在什么位置都不清楚，只能靠询问当地群众来了解路线、里程和地形，摸索前进，行军过程十分困难。当时担任中革军委作战科参谋长的吕黎平称这样的侦察方法，往往只能查明两三天的行程，让大部队走了不少弯路。

4月27日，天气风和日丽，万里晴空，红军第五军团和第一军团各一部按照上级"围而不打"的命令，包围曲靖城后，向昆明方向挺进。当部队行进到曲靖马龙一带时，天空突然传来轰隆隆的马达声，声音越来越大，飞近了才看清楚原来是三架敌机。令人奇怪的是，敌机从红军头上飞过，却好像没看见红军似的又飞走了。这让军委总部正在行军的同志们非常意外，孔石泉参谋给大家解释道，"十几天前，我们还在千里以外的贵阳城郊，敌人连做梦也没有想到我们会这样神速地出现在云南"。原来敌军是把红军战士们的行军当成了自己部队在调动。红军见状，估计一会儿会有新的情况出现。果然，敌机刚刚飞走，昆明方向的公路上突然尘土飞扬，烟尘中开来三辆汽车，汽车上有清楚的"青天白日"标志。

周恩来立刻命令部队就地准备展开战斗。汽车开近后，敌人才发现情况不妙，后面两辆车掉头就跑，周恩来命令战士们冲上去截住最前面一辆汽车。车上下来一个军官模样的人，装模作样地质问："我们在执行紧急任务，你们是哪部分的，别开玩笑了！"红军战士们笑道："谁和你开玩笑，你已经当了俘虏！"这个军官发现站在自己对面的全是身穿灰布军装、头戴五星八角帽的红军战士。

红军迅速缴了敌人的枪，周恩来简要地审问了俘虏。这才知道，这

个被俘虏的军官是薛岳的
副官，这三辆车是国民党
云南省政府主席龙云派去
贵阳，向蒋介石和薛岳送
云南军用地图的。本来是
要用飞机运送的，但飞行
员突然生病，因此才换成
汽车。除了珍贵的十万分

"龙云献图"旧址——红军桥（位于曲靖市下关村）

之一和五万分之一的云南军用地图外，红军还在车上发现了龙云送给薛岳
的大批药材、宣威的火腿、普洱的茶等。国民党军不知道曲靖已经被红军
包围，公路已经被红军控制，否则也不会贸然出行。在查明身份后，薛岳
的副官被红军押走，红军给了驾驶员和押运员每人5块大洋作路费，还开
了一张路条让他们回家。这满满一车的物品，都成了红军的战利品。周恩
来的警卫员魏国禄后来回忆，周恩来副主席看到部队将缴获的东西送到司
令部，笑着对朱总司令等首长说："敌人真是我们的好运输大队，缺什么
送什么，而且不要任何报酬。"

　　当晚，朱德在《我野战司令部已抵曲靖西宿营》的电报中，向各军
团通报了截获地图的消息，指示各部调查各条路线及其里程，并及时电告
军委。

➡ **文献链接** ··

我野战司令部已抵曲靖西宿营

（一九三五年四月二十七日）

　　林、聂、彭、杨、董、李：
　　　甲、今廿七日零时我野战军司令部已抵曲靖西上下小山宿营，沿马路
　　俘获昆明开来汽车一辆，内有龙云送薛敌之云南十万分一地图廿余份，白

药一千包另四百瓶及副官一，据云：马龙尚有汽油、滑油，望林、聂速派员检查，并（派）出小部伪装白军，沿马路向昆明活动截击，或尚有汽车来，因龙云估计我军今日不能过曲靖。

乙、望速调查下列路线、里程立电告军委：

1. 一军团经易隆或经塘子、榕［峰］嵩、寻甸的道路。

2. 三军团经三岔河或不经三岔河过七里桥榕［峰］寻甸的道路。

3. 五军团经三岔河、大海哨、王家庄榕［峰］寻甸、嵩明州之间羊街的道路。

朱

廿七日十六时半

——史石：《金沙江的记忆：红军长征过云南纪实》，
昆明：云南人民出版社，2006年，第195页。

4月28日，军委纵队进入寻甸县鲁口哨、大汤姑一带。当晚，党中央、中革军委在鲁口哨召开会议，结合缴获的地图和各军团汇报的情况，认真分析作战形势，发出抢渡金沙江的指示。会议对照缴获的十万分之一云南地图，把军委纵队与第一、三军团从所在地到最近的龙街、皎平、洪门三个金沙江渡口的距离和行进路线勾画出来，为我军抢占渡口进行了战略部署。

陈云在《随军西行见闻录》中谈及此事："三国时刘备入川系有张松献地图，此番红军入川，则有龙云献地图。"[1]在1935年10月15日召开的共产国际执行委员会书记处会议上，陈云报告说："我们在这些地图上标出了三处渡江地点，其中一处标有渡船的记号。"[2]可以说，没有龙云"献"来的云南军事地图，红军就无法如此迅速地决策和部署抢渡金沙江。

1　陈云：《随军西行见闻录》，北京：红旗出版社，1985年，第32页。
2　陈云：《在共产国际执行委员会书记处会议上关于红军长征和遵义会议情况的报告》，《党的文献》2001年第4期，第17页。

六甲之战——出其不意兵锋返，奋勇阻击护主力

六甲，位于寻甸县城以西30余公里，嵩明县城以北40多公里，因当时国民党政府实行保甲制，将白子村、研究村、代家村等村落划为第六甲而得名。六甲因一场战斗而闻名，一群年轻的红军战士不畏牺牲，用青春、热血、爱国主义精神所书写的英勇事迹更是让六甲被历史和人民所牢记。

《寻甸六甲之战遗址全景图》（保佑存绘）

1935年10月19日，中央红军在党中央和毛主席的领导下，途经二万五千里漫漫长路，顺利到达陕北，实现了战略转移的历史任务，突破了国民党的"围剿"。蒋介石却并没有因此罢休，他加紧了对在湘鄂根据地留守的红二、红六军团的进攻。为了保存留守军队的军事实力，在贺龙、任弼时、关向应、萧克的领导下，湘鄂川黔边区的红二、红六军团于1935年11月19日告别根据地，从湖南桑植的刘家坪和水獭铺等地出发，

向湘黔边界突围转移，开始长征。

● **历史纵横** ···

> 红军再次进入寻甸城后受到了当地百姓的大力欢迎，红军被老百姓们看作解救他们于水深火热被剥削生活中的救星。有一个叫作白有林的壮年农民，在红军进寻甸城后找到红军哭诉地主豪绅董洪兴对他们家的压迫和剥削，并且带领红军战士在董洪兴家搜出了十二匹骡马。

　　1936年2月，红二、红六军团到达云贵边境，在宣威虎头山重创滇军。3月28日，在上级的指示下，红二军团为右翼、红六军团为左翼，撤出盘县，进军云南，进行战略转移，以便后续对金沙江渡口的抢夺。1936年4月6日，红二、红六军团到达寻甸县城，在当地老百姓的欢迎与帮助下，战士们经过短时间的攻城战斗便控制全城，缴获许多军用物资，击毙和镇压了伪县长汤更新等反动头目，在寻甸城内再一次竖立起鲜红的红军战旗。次日，红二、红六军团继续西行，相互策应，直指普渡河，并集结于柯渡、可郎一带。龙云率部倾巢出动，命手下从东、西、南三面包围红军。军团总指挥部令六师返回阻击，掩护整个部队行动，并反复强调要抢时间，抢地形，要不畏牺牲，撕烂敌人的口袋。4月9日晨，红军在返回阻击过程中与滇敌激战于六甲，爆发了红军长征期间在寻甸县境内规模最大的一次战斗——六甲阻击战。

不畏牺牲　折返阻敌

　　六甲之战发生在云南省昆明市寻甸回族彝族自治县先锋镇蟒蛇河畔，是红二、红六军团征战云南至关重要的一战。参与战斗的红二军团六师十八团政委王立忠同志在1975年5月回忆时说，"六甲战斗是很重要的一场战役，它关系到整个全局"。贺龙在命令红六师折返阻击敌军时，专门强调"这一仗只能打好，不能打坏"，"只有把滇军打疼了，才能使他们不敢狂追，才能为西渡普渡河，北渡金沙江赢得充足的时间"。

阅读聚焦

1936年4月7日，红二、红六军团相互策应进至寻甸可郎、柯渡。蒋介石一面派中央军尾追，一面任命龙云为滇黔"剿匪"总司令指挥入滇各军。

➡ **文献链接**

关于寻甸六甲之战（节选）

我们二、六军团完成了策应一方面军长征的任务后，于1935年11月开始长征。长征过云南的时候，也还是叫二、六军团……进入云南后，我们的主要任务是抢渡普渡河，渡过金沙江。宣威虎头山战役后，二、六军团分两路向滇中挺进。二军团从沾益到寻甸，打了寻甸城以后，到柯（可）郎，后又由柯（可）郎返到六甲与滇军作战，战后到富民、罗茨向滇西前进，六军团从曲靖到马龙，两个军团在滇西的孔仙桥会合。

打虎头山战役的是四师，打六甲战斗的是我们六师。当时，我们的主要目标是抢渡普渡河，但是四师的前卫部队赶到普渡河时，滇军孙渡纵队的一个旅抢先控制了普渡河的铁索桥，我军无法渡河。又听说后面追赶我们的敌军已逼近，于是贺龙总指挥就命令六师十七团、十八团返回20里，到六甲阻击敌人，止住追敌脚步，并命令说："这一仗只许打好，不许打坏。"

当时的军事形势是这样的，龙云看到我军渡河受阻后，以为我军跑不了啦，要完蛋了，于是就一方面派部队在后追，一面又派张冲部队在富民功山一带阻击，防我逼近昆明，企图缩小我军迂回运动的范围，把我们搞在一个狭小的圈子里，消灭在普渡河以东，功山以南一带地区。我二方面军则回头打了六甲战斗，狠狠地打击了敌人，止住了追敌的脚步，然后打富民县，给敌人以为我们要攻昆明，于是调动敌人回昆明保城，我军好横扫滇西，渡过金沙江……

总的来讲，六甲战斗是一个很重要的战役，它关系到整个全局。

（根据1975年5月30日访问王立忠同志谈话记录整理，经王立忠同志
审阅）

——王立忠：《关于寻甸六甲之战》，中共中央党史研究室：
《红军长征纪实丛书·红二方面军卷2》，北京：中共党史出版社，
2016年，第1024—1025页。

1936年4月6日，红二、红六军团顺利攻克寻甸县城，于次日继续
西进，准备打开通往金沙江的要道——普渡河渡口。龙云急令张冲率
滇军近卫第一团、近卫第二团、工兵大队、警卫营从昆明赶到渡口铁
索桥两岸防堵，同时急派督训处处长卢汉赶到杨林，要孙渡纵队加快
追击速度，配合张冲率领的部队，滞留红军于普渡河东岸，企图将红
军一举围歼在普渡河以东、功山以南地带。孙渡受命后即派出三个旅
的兵力分两路追击，与张冲部队配合，试图歼灭红军。4月9日，孙渡
纵队第七旅旅长龚顺璧率领两个团2 700余人向可郎进发，这对红军的
部署造成严重威胁。一旦滇军部队到达可郎，就会对红二、红六军团
形成从东、西、南三面合围之势。敌我力量悬殊，一场恶战在所难免，
形势十分严峻。

紧要关头，贺龙、任弼时命令红六师师长郭鹏、政委廖汉生率部迅
速反转20多里赶到六甲，以运动防御战坚决阻击滇军第七旅，为军团赢
得调整行动部署的时间，摆脱险境，掩护整个红军的行动。毕竟根据当时
的情况，在六甲迎敌对我军是非常有利的，一则能够抢占先机，打敌人个
措手不及，二则六甲是红军昨日路过的地区，容易取得当地群众的支持，
为胜利创造条件。因此接受任务的红六师第十七团、第十八团迅速调转部
队前进方向，将后队变前队，从可郎坝甸尾东返。十八团团长成本新就近
找了一个当地的老百姓做向导，率部一口气狂奔20多里山路，到达六甲
的石腊它丫口。刚到丫口，就与正在行军的龚顺璧旅遭遇，双方迅速占据
有利位置、开始战斗。

不辱使命 坚守阵地

六甲属于两面高山夹立的狭长河谷地形，这条崎岖山路是敌人尾随追击红军的必经之路。而道路的左侧高山道路崎岖，怪石嶙峋，地势陡峭，敌人东来要爬坡仰攻，极其有利于我军作战；右侧丘陵则地形开阔，灌木丛生，有利于敌军向我军迂回。4月9日上午9时，红军一到达河谷地带的石腊它丫口，就立即占领制高点和有利地形，控制隘口，采取迂回包抄战术。敌军没有料到红军会东返到六甲阻击他们，在遭到红军的迎头痛击后，滇军第七旅以肖本沅团为前卫，凭借人数多、武器先进、弹药充足等优势，集中炮火先向贾白山轰击，再向山的两侧高地发起集团冲锋。红十六团守卫的北侧高地易守难攻，于是敌军开始重点向第一道防线发起攻击。同时，从昆明飞来的三架敌机投入战斗，为滇军助战，向战场轰炸扫射。红十八团打退了敌人一次又一次的进攻，与敌人展开肉搏战，十八团二营营长、六连连长壮烈牺牲，政委杨秀山、六连指导员负伤。

六甲一带的百姓听闻红军在石腊它丫口、贾白山与敌军作战，无暇

六甲之战红军烈士墓

生火做饭，午后还饿着肚子的消息时，纷纷从家中拿出牛肉干、腊肉、鸡蛋、酸菜等食物，带上烧好的开水一起送给前线的战士们，并且主动将受伤的战士们用担架抬到安全的地方隐蔽，还收留因为重伤无法随大部队进军的战士们在家中养伤。在紧张的作战状态中，战士们能够吃到一顿热饭已经实属不易，当战士们知道这是六甲群众自发慰劳大家的午饭时，斗志更加激昂。

下午，滇军马继武团到达战场，与山口南侧的肖本沅团一起发起进攻。红军的弹药越来越少，于是开始堆砌滚石檑木应对敌人的反扑，将敌军压制在山下。午后三时，红十八团撤离第一道防线，在第二道防线附近与敌人展开厮杀，战斗呈胶着状态。在这紧要关头，贺龙派五师副师长王尚荣率领十四团从左翼向敌人迂回，一直打到滇军指挥所眼前。敌军此时乱了阵脚，被打得晕头转向，溃不成军，仓皇向七甲方向逃去。

六甲一战，红军重创滇军，彻底粉碎了敌军在普渡河以东、功山以南"围剿"红军的计划，为红军赢得了宝贵的一天时间来从容部署，实现战略转移，跳出敌军包围圈。贺龙总指挥在六甲激战后亲自接见了全体参战指战员，亲切地称赞他们："你们打得很艰苦，打得顽强，打得实在好！大家好好休息一下，吃得饱饱的，准备过金沙江。"[1]贺龙总指挥亲切而又饱含激情的话语，激励了在场的每一位红军战士。

➤ **文献链接** ··

《六甲之战》节选

郭　鹏

天色将黑时，敌人竭尽全力发动了一次进攻……他们心怀反动军队那套保存实力的鬼胎，我们是十分清楚的。因此，可以断定，他是在急切地想要把这一场战斗结束。我军只要能咬牙抗住这最后的一击，敌人那脆弱

1　杨朝俊、龚金才：《新编曲靖风物志》，昆明：云南人民出版社，1999年，第116页。

的神经就会断折。这是一场关键性的决斗，要就是敌人把我军冲乱，抓到我军主力，要就是我们坚守阵地，挫尽敌人的锐气。

十八团经过整理，也已加强了正面的防御。能用的力量，我们也全用上了。眼看敌人越离越近了，这时在十七团阵地上指挥的参谋长常德善同志便发出了"开火"的命令……

午夜十二时获悉：全军主力已经安全地转移到了巧家东南的以车泛一带等我们，我们才下令收兵，撤出了战斗。

在毛宣湾，我们赶上了主力。贺总亲自跑出来迎接我们。他神采焕发地说："同志们！你们这一仗，打得苦！打得好！没有你们这一场苦战，全军就没有今天。同志们！好好休息一下，好好吃一顿饱饭，准备打过金沙江去！"

——史石：《金沙江的记忆：红军长征过云南纪实》，

昆明：云南人民出版社，2006年，第170—171页。

◯ 历史纵横

贺龙（1896年3月22日—1969年6月9日），原名贺文常，字云卿。湖南桑植人。伟大的无产阶级革命家、军事家，中国人民解放军的创始人和主要领导者之一。他在半个多世纪的革命斗争生涯中，为中国的旧民主主义革命、新民主主义革命、社会主义革命和建设，做出了重要贡献，建立了不朽功勋。

郭鹏（1906年10月—1977年7月16日），原名郭光前。生于湖南省醴陵县（今为市）双井乡。1927年参加湘赣边界秋收起义。1929年2月参加中国工农红军。1930年冬加入中国共产党。先后任红十六军九师九团连长，红十八军五十二团营长，红六军团十七师五十、五十一团团长，红二军团六师

师长。参加了湘鄂赣、湘赣、湘鄂川黔苏区反"围剿"和长征。1936年任红二方面军三十二军参谋长，到陕北后参加了山城堡等战役。

六甲之战　精神不朽

在寻甸县先锋镇蟒蛇河岸的山体峭壁上，刻有"中国工农红军万岁"的标语。后人在这里修建了"六甲之战纪念园"。纪念园里耸立着纪念碑、静卧着烈士墓，前来瞻仰悼念的人络绎不绝。

80多年前的六甲之战中，师长郭鹏亲临战场指导，审时度势调整战术。红军战士前赴后继、不怕牺牲，用生命掩护了战友、保护了革命。他们在敌我武器装备悬殊、敌军人数几倍于我军的情况下，以机动灵活的战术打退敌人多次进攻，粉碎了敌人前堵后追、左右包围，妄图围歼红军于普渡河以东、功山以南一带地区的计划，迫使滇军不再紧追，保障了红二、红六军团主力部队的顺利转移。

在行军途中，红军战士积极宣传党的抗日主张、民族政策，把打击城内土豪劣绅所获得的粮食、布匹、衣物分发给平民百姓，并且军纪严明、秋毫无犯，绝不拿老百姓一针一线，尊重当地少数民族风俗，受到了各族人民的拥护支持与欢迎。城内外的贫苦百姓看到红军，纷纷主动为红军侦察城内敌情，为红军入城带路，为红军提供攻城需要用到的木板、长梯，为红军战士烧水做饭，为红军伤员抬担架，深刻体现出了红军与群众患难与共、军民一家亲的鱼水情。

阅读聚焦

六甲之战彻底粉碎了敌人歼灭红军的计划，为红军跳出敌人包围圈，实现战略转移，赢得宝贵时间。

恰如习近平同志在庆祝中国共产党成立100周年大会上的重要讲话中所提到的，"一百年前，中国共产党的先驱们创建了中国共产党，形成了坚持真理、坚守理想，践行初心、担当使命，不怕牺牲、英勇斗争，对党忠诚、不负人民的伟大建党精神，这是中国共产党的精神之源"。伟大建党精神源于实践、扎根实践、推动实践，有着厚重的实践属性和崇高的道德品格，跨越时空、历久弥新，为党在各个时期的事业提供了力量和滋养。伟大建党精神表现在中国共产党不懈奋斗的一个个历史事件、历史人物上，六甲之战就是伟大建党精神的具体体现，它有着对于真理、理想、初心的坚守，有着英勇向前、不畏牺牲的担当，更有着对党忠诚、不负人民的精神！时间业已消逝，但六甲之战精神不朽。

◎ **历史纵横** ···

鸡街红军长征纪念亭

鸡街红军长征纪念亭位于寻甸县新村水库旁一个小山包上。1936年4月，红六军团西进普渡河受阻，被迫向柯渡转移，被滇军尾随，并遭敌军轰炸，两名红军士兵被敌机夺去生命。部队中一名小号兵受伤，无法跟随大部队行军，被鸡街村民朱仕光收留养伤，号兵留下红军号以表感激，朱家人在建国之后献出红军号。

为了纪念红军战士们的不朽功勋，慰藉烈士在天英灵，1973年3月，当地在红军牺牲地敃立石碑，建立五角攒尖顶凉亭。

红军标语——再现军民情，革命精神新

红军长征柯渡纪念馆位于云南省昆明市北面的寻甸回族彝族自治县柯渡镇丹桂村。馆内有"中央红军总部驻地旧址"和"毛主席长征路居旧址"等红色遗址。红军长征柯渡纪念馆原为丹桂村村民杨家郎的宅院，宅院占地面积591.49平方米，由一幢一进两院的四合院落和阁楼组成。纪念馆中记录了红军在柯渡留下的宣传标语。

红军长征柯渡纪念馆

红军标语再现当年军民情

1935年和1936年中国工农红军长征两次经过寻甸县，途经寻甸县392个村庄，先后在寻甸县进行了12天的打富济贫、宣传政策、处决恶霸土

柯渡镇保存完好的红军标语

豪等革命活动，加深了群众对红军的了解。在经过的地方，红军写下了大量的标语，为寻甸播下了革命的火种。

红军过境后，因白色恐怖严重，革命标语不可能大批保留，幸存部分也因年代久远，多已剥落损坏。在寻甸县发现的这一时期的较清晰标语有：

🌸 **阅读聚焦**

在长征期间，红军围绕政策并结合各地的实际情况，留下了不少宣传标语。你能列举几条吗？

红军绝对保护回家工农群众利益

（1935年写于寻甸柯渡回辉村礼拜寺墙上）；

红军绝对不拉夫

（1935年写于寻甸柯渡丹桂村教拜楼上）；

欢迎滇省爱国军官和士兵成立抗日救国联军

（1935年写于寻甸柯渡关圣殿墙壁上）；

红军是工农自己的军队

（1935年写于寻甸柯渡丹桂村农户墙上）；

工人农民联合实行土地革命

（1935年写于寻甸柯渡丹桂村办公室墙壁上）；

反对国军官长打骂士兵民

（1935年写于寻甸柯渡凹椅子村墙上）；

红军是抗日救国的先锋队

（1936年写于寻甸河口小街农户墙上）。

据史料记载，1935年4月，红军部队驻扎寻甸县柯渡镇。这是回族群众的聚居区，中革军委总部设在柯渡镇丹桂村里的四合院，部分红军住在村里的清真寺里。朱德总司令来到清真寺和回民首领谈话，向他们宣传红军的政治主张和党的民族政策，寺里主持金阿訇热情接待了红军。

有一天，原本晴朗的天空，瞬间乌云翻滚，大雨倾盆。红三军团的一名小战士犯了愁，前日惩办土豪恶霸时缴获的物资还放在外面。情急之下，他急忙将这批物资搬进清真寺，想等雨停了再处理。寺内主持金阿訇老远看到了这位浑身淋湿的小战士，急忙上前请他进屋避雨。但金阿訇发现搬进寺里的物资中有一块火腿，十分生气。猪肉是回族群众的饮食大忌，此事引起村里回族群众的不满。

朱德总司令知道后马上到清真寺向金阿訇赔礼道歉。阿訇一看前来道歉的竟然是红军首长，心中之火便平息下来。朱德总司令向集聚而来的回族群众表示尊重各民族的风俗习惯是红军的纪律，任何人都不能违犯，请金阿訇原谅这位小同志，并保证以后一定严加约束。为杜绝此类情况的发生，朱总司令还专门指示司令部参谋立即派出战士在清真寺门口站岗，不准任何人把猪肉带进清真寺。王稼祥安排宣传员在清真寺门口的墙上写下了"红军绝对保护回家工农群众利益"的大标语。其中的"回家"即指回族群众。

勠力同心　保护标语

短短一幅标语，折射的是党的优良作风，撒下的是革命火种。当时两名红军干部到金阿訇家询问回族人民的生产、生活习惯，在受到金阿訇家热情的款待后坚持留下伙食费，并且以远远高于市价的价格换取了金阿訇家的一匹小黑骡子，让金阿訇感动不已。红军战士们这种尊重回民生活习俗、保护回族群众利益的诚意感动了金阿訇和回族村民。红军临走时，群众纷纷给红军战士送柴火、送鸡蛋。有老大妈连夜给红军打草鞋，有村民主动为红军带路，还有回族青年要求加入红军队伍，一定要跟着红军走。后来回辉村有毕发斗、毕兆图、傅尤惠等12名回族青年参加了红军，被编为军委纵队干部团教导营一连三排七班，称为"回民班"，受到了当时营教导员李成芳的接见和鼓励。即使在紧张的军旅生活中，他们的生活习惯也受到了其他红军战士的尊重，他们有专门的铜锅做饭，打土豪时，部队会优先给他们送鸡肉、牛肉，当没有菜时，还会发放红糖给他们煮糖饭。这些回族战士有11人牺牲在了长征路上，只有毕发斗一人幸存下来。

◉ **历史纵横** ···

毕发斗参加红军的故事

1926年，毕发斗被抓兵到昆明去当兵，参加了滇军，并随军参加了北伐战争。1935年，他请假回家探亲，到家27天时，红军长征路过柯渡。那天朱德总司令到柯渡旁边的村子里看望回族首领，在村边的小路上遇到毕发斗。因为朱德在老三军当过旅长，毕发斗认识他，就向他敬了一个军礼。朱德稍微了解一点情况后，就对毕发斗说："小伙子，我们是红军，都是'干人'（方言，指穷苦人），是打富济贫的。你想不想参加红军？如果想的话，去邀约一些回族青年来，和我们一起北上抗日。"当天晚上，毕发斗约了11个回族兄弟，在一起商量参加红军的事，一直商量到深夜，决定都去当红军。连夜回家告别亲人后，第二天大家就去当红军了。村里参军的这12名青年是回民，为照顾少数民族的风俗习惯，组织将他们编成了回民班，属军委纵队干部团教导营，毕发斗任回民班的班长。遗憾的是，当时一起参加红军的12人中，只有毕发斗一人归乡，其他人都杳无音讯。

毕发斗1996年去世，享年83岁，此前常被红军长征柯渡纪念馆请去讲解他和回民班的故事。毕发斗去世前嘱咐后人"坟要朝东"——那是红军来的方向。

● **文献链接** ···

龙云命清除红军标语手谕

（1935年5月4日）

顷闻凡匪经过之地方，标语甚多。或用文字张贴，或用石灰红朱涂写抹墙壁，遍处皆有。应速令各县责成乡长派人随处搜寻，发现有此种标语，即予撕去或铲除洗涤，勿稍留痕迹为要。并将遵办情形报查。此谕民政厅长丁。五月四日下午五时。

——董有刚：《川滇黔边红色武装文化史料选编》，
贵阳：贵州人民出版社，1995年，第59页。

红军走后，国民党反动派卷土重来，他们四处搜捕红军留下的伤病员，强迫百姓铲除红军在墙上留下的标语。龙云就曾专门下令，发现红军标语就要洗去和消除。然而，寻甸的穷苦人民誓死守护这些象征着红军与群众深厚情谊的标语，机智地躲过了国民党反动派一次又一次的清乡搜查。如金阿訇为了守卫红军标语曾冒着生命危险，带着家人和村民砍了许多柴火码在标语墙前，让堆积的柴火没过墙顶，把标语严严实实遮盖起来。在金阿訇和村民的保护下，标语躲过了敌人的搜寻，并于20世纪80年代重新出现在人们面前。

● **历史纵横** ···

全国各地百姓保护标语的故事

在云南大理一座白族民居里，保存有大理现存最完好的红军标语："打倒卖国的南京政府。"房子的主人是清末的一位举人，名叫李荫华，在国民党军队要求铲除标语时，他机智地用白石灰把墙壁涂抹了一遍，保护住了这条标语。直到1955年，一支在李家大院休息的工作队发现了一个"南"字，这条标语才得以重见天日。

1935年11月，红军长征经过四川泸定县岚安乡昂州村，时任红九军团地方工作部部长的朱明在村民王孝云家的白石灰院墙上写了一幅4米长、2米高的标语，正中书写着《共产党十大纲领》，两边是表现战斗场景的漫画。12月，国民党军队进攻岚安后，王孝云冒着枪林弹雨，码起柴火盖住了标语，临终前还嘱咐妻子和女儿王翠珍把标语保护好。改革开放后，王翠珍和儿子怕损坏标语墙，打消了盖新房的念头，一直住在祖辈留下的土坯房子里。从此，王翠珍一家三代人70载精心呵护红军标语墙的故事广为流传。

宣传政策的重要阵地

"红军绝对保护回家工农群众利益"这幅珍贵标语，彰显了党严格执行民族政策，尊重和团结少数民族的优良传统和作风。陈云同志也曾回忆："我等在官渡（实为柯渡）经过时，有几十里路都系回民所居……红军之五军团中亦有不少甘肃之回民，故与回民感情极好，红军亦极尊重回民之教堂。"[1]在寻甸发生的把火腿搬进清真寺的事情为红军长征途中严明纪律提供了训诫。1936年5月24日，工农红军总政治部颁发《关于回民工作的指示》规定，红军战士必须严格遵守"三大禁条"（即：严禁住清真寺；不准吃猪肉，不准在回民面前提"猪"字；不在回民区筹款，不打回族中的土豪）和"四大注意"（即：注意尊重回族人民的风俗习惯；注意用回民水桶在井里打水；注意回避回族青年妇女；注意实行公买公卖和不准在回民面前说猪骂猪）。[2]

---

1 陈云：《随军西行见闻录》，北京：红旗出版社，1985年，第34页。
2 宁夏回族自治区档案局：《中共宁夏档案文献选编1927—1949》，银川：阳光出版社，2018年，第3—7页。

◯ **历史纵横** ···

红军"粉笔队"的故事

在川陕苏区和红四方面军长征途中，军中活跃着一支"粉笔队"，专为红军书写标语口号。1935年3月进占梓潼，粉笔队队员发现一个学生打扮的年轻人，总是跟在他们身后。原来，这位青年看过粉笔队写标语、听到他们宣传党和红军的主张后十分激动，一路跟随并请求收下他，从此走上了革命的道路。

红军之所以会颁布如此严格的禁令，就是吸取了驻扎云南寻甸时违反纪律的教训。为此红军将士们还专门谱写了一首《红军纪律歌》，以简单上口的旋律和歌词来时刻提醒自己遵守军规军纪：

红军纪律真严明，
上级的命令不可乱胡行。
打土豪，要归公，
买卖要公平，
工农的东西不可拿分毫，
出发与转移，
样样要记清；
捆茅草，上门板，
房屋扫干净。
借物要送还，
损坏要赔钱，
无产阶级劳苦群众都是一家人。

在红军不懈的宣传下，在红军多年来平等团结的民族政策的影响下，一直以来，柯渡地区的回族与周围的彝、苗、汉族兄弟一直和睦相处，从未发生纠纷，可见红军宣传的民族团结政策取得了显著成绩。

"八音钟"与"红军号"

红军在寻甸不仅留下了传播革命火种的标语，还留下了丰富而珍贵的历史实物，如中华苏维埃共和国纸币、印有"中华苏维埃共和国中央革命军事委员会"字样的信纸、红军大刀、红军号、手榴弹、腰刀、血衣、饭盒、图章等等。

1935年4月30日，军委纵队进驻柯渡，毛泽东、周恩来、朱德、张闻天、王稼祥等中央领导人就在当时丹桂村地主杨家郎的宅子里办公、住宿。"八音钟"是杨家郎的心爱之物，每到整点它就会发出八种悦耳的声音报时。

那时，毛主席的警卫员陈昌奉住在主席居室的隔壁。夜深人静，陈昌奉听到一种叮咚叮咚的声音像歌声一样动听，起来一看，是杨家郎家的一只小钟打点。这只小钟非常精致，造型优美，打点时会发出八种悦耳的乐曲声，故名八音钟。陈昌奉也是头一回看见这么优美的闹钟。他十分好奇，反复打量，心想：身边正缺少钟表掌握时间，带上它为首长服务会方便很多！

第二天，部队出发得很早，陈昌奉放了几块银圆在杨家郎家桌子上，便将八音钟悄悄塞进挎包带走了。队伍奔走了200余里来到金沙江皎平渡口，八音钟的歌声惊动了毛主席。主席了解了事情的经过之后非常生气，批评了陈昌奉自作主张，未经主人家同意而擅自"购买"小钟的错误行为，并责令陈昌奉将小钟原物送回。无奈当时龙云的滇军对红军队伍紧追不放，时间紧迫战事紧急，又加之路途遥远，来回一趟必然错过渡江时机，经几位首长劝解、陈昌奉接受批评教育并做了深刻检讨之后，毛主席才同意把小钟存放在金沙江边一个农户家，委托他想办法将八音钟送还原主。

后来，这只八音钟几经辗转，被征集回来作为革命文物放在柯渡纪念馆内展出。20世纪70年代，为了寻找当年召开"渡江会议"的会址，曾任毛泽东与周恩来警卫员的吴吉清、范金标从云南富源一直追寻到柯渡，几经辗转，才询问到这钟出自丹桂村杨家郎家。最终，正是这小小的"八音钟"，确认了"渡江会议旧址"。

1936年4月的一天傍晚，红二、红六军团在普渡河受阻，从鸡街向柯渡转移途中，红军先头部队到达鸡街庄子村休整一个晚上，准备向村里的老百姓借锅碗瓢盆等炊具做饭时，忽然发现村里人早已跑空了。只有一个叫郭容焕的普通妇女留了下来，当时她36岁。红军路过的时候，她亲眼看见了红军对老百姓的秋毫无犯，因此她断定这是一支与众不同的军队，是"干人"自己的队伍。

红军队伍出发后十多分钟，郭容焕家门前来了一个小红军。他对郭容焕说："老乡，请你救救我，我受伤了，走不动了！"郭容焕上下打量了他一番，他跟刚刚走掉的队伍装束一样，便放下心来。郭容焕见他长得瘦瘦小小，年纪十四五岁，跟自己的儿子一般大小，穿一双破草鞋，双腿肿胀，双脚流血，手里紧紧攥着一只军号……顿时，心疼不已。

郭容焕迅速将小红军扶进屋里，把丈夫的破棉袄拿来给他穿上，然后将他带到后院竹林里，找了一个地面凹陷的地方，让他下去将身子团起来，再用红军曾借去炒干粮的大锅罩在上面。然后，她飞快地去自家井里担了一担水过来放在旁边，自己坐在锅边上装作若无其事的样子俯下身子对小红军轻轻地说："孩子，你不要出声，我一定会救你。"

很快，国民党的追兵赶到，子弹在头顶呼啸而过，郭容焕看见一个军官模样的人冲进竹林，气焰嚣张地喊着"冲啊"，突然被乱飞的子弹打中嘴巴。郭容焕吓得睁大眼睛，但马上又镇定下来。这个军官不能说话，看见有水，就递了一个口缸过来示意郭容焕给他水喝。郭容焕装作很害怕的样子小心翼翼地打了一缸水递过去。军官盯着郭容焕审视了一番，郭容焕始终低着头，身子瑟瑟发抖，他料定她这么胆小的一个农村妇女没有什么秘密可言，就挥手带兵走了。后来，国民党的两架飞机在村子和大田里胡乱扔了几颗炸弹便飞走了。

郭容焕用手杵着挑水的勾担一直守着小号兵，等枪声、炮声完全沉寂下来，她才奋力把锅掀开。此时，她已筋疲力尽。刚好郭容焕的丈夫诸应贞带着孩子回来，郭容焕就让丈夫把小号兵背回家里，一家人悉心照料。诸应贞略懂点土方，到后山挖来一种叫"山皮条"的草药，用火烤后刮下皮，放到香油里浸泡之后用来给小号兵疗伤。十来天后，小号兵的身体恢复得差不多了，就向郭容焕提出替家里的小弟弟去放牛。这个弟弟就是郭容焕的儿子诸仕光。

一个月后，小号兵的伤完全养好了，他向郭容焕一家感谢、道别后，背上背包，打起绑腿，说是去赶集，其实他是追赶部队去了。郭容焕一家心知肚明，既然留不住，只好为他准备了一些干粮带上，依依惜别，送他上路。小号兵感动之余留下一枚手榴弹和红军军号给郭容焕家做纪念。后来查证了，这个小号兵是贵州人，名字叫高金奎。

高金奎留下的手榴弹被郭容焕家送到后山埋了起来，红军的军号留在了家里。1964年，当地政府征集红军文物，郭容焕家把红军的军号献了出来。现在，这只具有特殊意义的红军军号作为革命文物被保存在中国革命军事博物馆，成为红色革命征程中一个闪光的小插曲的见证。

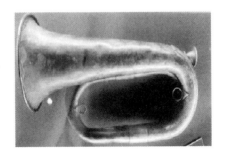

郭容焕家的红军号

第四章

英雄儿女　辉映云岭

云南儿女英勇参加革命事业，在云岭大地留下了不朽的英雄画卷

罗炳辉——戎马三十载，将军滇之雄

在红军将领中，有这样一位用兵如神的人物，他出身贫寒，却骁勇善战，一生从未打过败仗。毛泽东评价他"正派耿直，战争经验丰富，有军事才能，很会打仗"[1]。1989年他被中央军委认定为中国当代著名的36位军事家之一[2]，是其中唯一的云南籍军事家，他就是极具传奇色彩的常胜将军——罗炳辉。

罗炳辉将军

家贫志刚强 投身滇军营

罗炳辉（1897年12月22日—1946年6月21日），原名罗德富，又名罗南煌，字宿星，出生于云南省彝良县大河乡阿都村偏坡寨的一个汉族贫苦农民家庭。罗炳辉7岁入私塾读书，10岁时因家境贫困辍学务农。他从孩童时代起就性格刚烈、有胆有识，不惧怕地方黑势力。12岁时，他与在乡里横行霸道的恶霸到县衙打官司，因而与恶霸结怨，受到欺凌侮辱。1914年，罗炳辉被迫离家出走，经过12天的长途跋涉，来到昆明投身云南督军唐继尧领导的滇军，成为滇军炮兵营的一名普通炮兵，第二年参加了讨袁护国战争。不久后，军事胆识谋略俱佳的罗炳辉被调到唐继尧身边任副官。1918年，家乡

1　叶健君：《共和国祭奠——新中国成立前牺牲的中共高级将领》，北京：东方出版社，2015年，第189页。

2　徐平：《36位"中国当代军事家"是如何评定的》，《党政论坛（干部文摘）》2009年第5期。

❀ **阅读聚焦** ••••••••••••

早年的苦厄铸就了罗炳辉刚烈的性情，多年来的闯荡使他认识到旧军阀内部的黑暗与腐败。

的恶霸逼迫罗炳辉的妻子改嫁，又逼死其母，官府将其父逮捕入狱，并派人埋伏在半路，准备狙杀回乡报仇的罗炳辉。幸亏罗炳辉的姐夫和二弟逃到昆明报信，他才幸免于难。

1921年，滇军内讧，唐继尧被驱逐离开云南，罗炳辉随唐继尧来到香港。在香港期间，孙中山曾因革命需要向唐继尧求援，唐继尧表面答应，暗中却与反对孙中山的粤军反动势力陈炯明勾结。罗炳辉对于唐继尧这种两面派行径非常反感，于是他投奔孙中山继续寻求救国救民的道路。

◯ **历史纵横** ••

> 为挽救陷入包围的滇军，罗炳辉以惊人的胆略和毅力，率部三闯敌军三道防线，两渡江河，翻山越岭，在20小时内徒步奔跑近100公里，赶到朱培德总指挥部报告敌情，使朱培德得以迅速派出增援军队，击溃包围滇军之敌，从危机险境中解救了滇军。朱培德对于罗炳辉在滇军生死存亡的关键时刻，勇救滇军的行为大加赞赏，他流着泪对滇军官兵说道："是罗炳辉救了滇军！"不久他即任命罗炳辉为少校副官、征兵主任，此后罗炳辉又获得了滇军"勇敢奖状"。
>
> ——赵宝云、段留锁、赵思璠：《罗炳辉与滇军》，
> 《文史春秋》2009年第2期。

当时，孙中山正在广西桂林组织军事大本营，集中训练具有进步倾向的军队。罗炳辉来到桂林后，加入拥护孙中山的滇军朱培德部，被编入军官将校队学习。

1926年，罗炳辉参加了国共合作的北伐战争，任国民革命军第三军第九师第二十五团第二营营长，罗炳辉率领该营随第三军直入两湖战场讨

伐北洋军阀吴佩孚，在战场上，罗炳辉的军事指挥才华得到全面提高。

1927年蒋介石发动"四一二"反革命政变之后，朱培德跟随蒋介石反共，将第三军中的共产党员杀害。罗炳辉对此感到十分愤怒与失望，他逐渐认识到旧军队内部各军阀派系之间的尔虞我诈、相互争斗带来的战乱不断，于是决定离开由滇军改编的国民革命军第三军。

北伐时期的罗炳辉

秘密加入党　鏖战在苏区

离开了滇军后，接下来该去向何方？罗炳辉在当时并没有非常明确的目标，恰逢江西吉安的金汉鼎邀请，罗炳辉前往江西，担任吉安靖卫大队大队长——靖

◆ 阅读聚焦

赵醒吾特意赶到吉安与罗炳辉进行交谈，引导他加入中国共产党。

卫大队属于国民党的武装。不久之后，罗炳辉奉命"剿匪"，他发现所谓的"匪"就是符合人民利益的共产党，当他对抓来的"匪"进行审问之后，进一步了解了共产党是为人民服务的。

而在此时，罗炳辉昔日在滇军结识的挚友赵醒吾已是一名共产党员，在国民党旧军队中秘密从事党的统战工作。得知罗炳辉在江西后，赵醒吾专门前往吉安与他进行交谈。

赵醒吾开诚布公地问："国民党有政权，共产党有工农，究竟谁的力量大？"罗炳辉随即答道："当然是国民党大了，党、政、军、经济等一切大权均在国民党的手里。但广大的工农拥护共产党，共产党的潜力是大的。得民心者得天下，失民心者失天下，最终胜利将属于共产党。"看到

罗炳辉将军纪念馆

罗炳辉对共产党有着正确的认识，赵醒吾毫不掩饰地说："我是受共产党中央的委托，专程来找你的，党中央认为你有条件参加革命。"[1]接着，赵醒吾深入浅出地讲解党的纲领、政策和纪律，经过这样的启迪和引导，罗炳辉愉快地接受赵醒吾的建议，决定加入中国共产党。

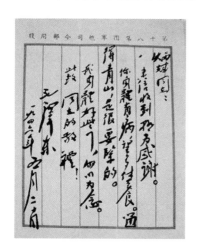

彝良罗炳辉将军纪念馆收藏的毛泽东写给罗炳辉的信

不久之后，中共赣西特委书记刘士奇、中共江西省委军委书记蔡升熙分别与罗炳辉进一步谈话，罗炳辉化名为"罗南煌"，于1929年7月秘密加入中国共产党。

入党之初，罗炳辉按照党组织"保持灰色，发展武装，待机而动"的指示，继续担任吉安靖卫大队大队长，利用职务想方设法为党组织搜集和传送军事情报，并将吉安靖卫大队这一支拥有400多人的武装力量紧紧掌握在手中，等待时

---

1   赵宝云、段留锁、赵思璠：《罗炳辉与滇军》，《文史春秋》2009年第2期。

机成熟之后发动武装起义。

1929年10月初，中共江西省委派赵醒吾通知罗炳辉时机已到。10月14日，罗炳辉果断发动武装起义，将吉安靖卫大队带到东固革命根据地，与专门赶来迎接起义部队的刘士奇、蔡升熙、曾山等人成功会合。随即，起义部队宣布成立中国工农红军独立第五团，罗炳辉被任命为团长。

罗炳辉曾率部参加中央苏区第一次反"围剿"，主要承担诱歼张辉瓒部队的任务；率部参加中央苏区第二次反"围剿"，先后取得中洞大捷、白沙大捷、中村大捷、广昌大捷、建宁大捷。1930年，毛泽东会见了罗炳辉，对罗炳辉在革命处于低潮时率领部队举行起义的壮举给予了很高的评价，毛泽东说："你在中国革命极端困难时期，毅然参加中国共产党并带了部队过来，加强了红军的战斗力，打击了国民党，你为工农大众的解放事业立了一次大功劳，你是一个追求真理的将军，党和人民会纪念着你的。"[1]

○ **历史纵横**

> 1936年4月，红二、六军团长征途中，罗炳辉率部转战到哪里，敌军对罗炳辉的悬赏缉拿就贴到哪里。罗炳辉率领红九军团在湖南境内转战时，湖南军阀何键曾单独悬赏1万元缉拿罗炳辉，把罗炳辉列为"红军十将领"之一进行详细介绍，以便国民党官兵能够及时识别。在云南省境内登出的一份悬赏缉拿通告中，蒋介石和滇军军阀将其列为二等"匪首"，名列林彪、彭德怀、董振堂之后，由此可见罗炳辉对国民党军队的冲击之大。

1931年11月，在江西瑞金举行的第一次全国苏维埃代表大会上，罗炳辉当选为中华苏维埃共和国临时中央政府中央执行委员会委员。由于战功卓著，他荣获最高奖章"红旗勋章"，是10个著名的红军将领之一。随后，罗炳辉任福建军区指挥部总指挥，统一指挥全省的红军和地方武装。

---

1 胡斌：《学习罗炳辉将军高尚的革命精神和品质——纪念罗炳辉将军一百一十周年诞辰》，《新四军研究》2008年第1期。

长征布疑阵　文战屈滇军

1933年10月，红九军团成立，罗炳辉任军团长。长征开始后，红九军团位于左翼，负责打开通道，抢占要点，掩护中共中央和中革军委及红军主力转移。

四渡赤水之后，中央红军主力部队南渡乌江时，担负断后任务的红九军团牵制国民党军达6个师。任务完成后，红九军团已处在众敌的围追堵截之中，只好绕道行军。他们虽然冒雨急进，但到达乌江时还是超过了上级规定的6小时，浮桥被毁。此时红九军团处于极大危机之中，前有大江横阻，后有众敌追击，与中央电台的联系业已中断，稍有不慎，便会全军覆没。危急关头，罗炳辉经过缜密思考，最后决定选择弱敌，歼其一部，以振军威，并打开缺口，冲出包围，在乌江北岸游击奔袭，既保存有生力量，又继续牵制追敌，使中央和主力部队从容南下西行。策略确定后，又侦察到了弱敌魏金镛师的行动路线，罗炳辉就把军团主力埋伏在金沙县老木桥地区的荣子坳，令一小部分兵力伪装成主力在山头上广布红旗，催马扬尘，奏响军号，大造声势，弄得敌军不知虚实，不敢轻举妄动。待敌军进入伏击圈后，放走其前锋，集中火力歼灭走在中间骑马坐轿的敌指挥机关，然后各个歼灭敌军。由于战术得当，经过数小时激战，只有2 000多人的红九军团一举歼敌3 000多人，其中俘敌1 800多人，打出了军威，创造了红九军团战史上以少胜多的著名战例。

➡ 文献链接 ⋯⋯⋯⋯⋯⋯⋯⋯⋯⋯⋯⋯⋯⋯⋯⋯⋯⋯⋯⋯⋯⋯⋯⋯⋯⋯⋯⋯⋯⋯

关于九军团渡江后任务的指示

（一九三五年五月九日）

罗、何：

A. 我野战军今日已全部渡过金沙江，三军团及干部团正围攻会理，其增援队第五旅由西昌南开。我一、五军团明日开会理附近，准备消灭敌援队。估计蒋敌为配合刘敌行动，有派兵由蒙姑渡江可能。

B. 我九军团仍执行消灭刘敌单个部队，破坏沿江船只，扼阻东岸追敌，以掩护主力行动的任务。明十号九军团缺一个营应即开蒙姑，利用善泅水的实行排渡、偷渡与隔河射击的种种办法，焚毁或捣沉、击沉对岸所有船只，并坚决扼阻追敌过江。九军团之另一个营带小电台从小路向巧家对岸侦察前进，到达后应进行同样破船阻敌的任务。

C. 九军团不论在行进与驻在中，如遇到敌单个部队应坚决消灭之。

D. 九军团应注意发展沿江的游击队，筹款与扩大红军。

朱德

九号

——中共云南省委党史资料征集委员会：《红军长征过云南》，

云南：云南民族出版社，1986年，第31页。

罗炳辉带领红九军团打回云南后，随即引发了驻防当地的滇军及国民党政府的慌乱。当时的云南《民国日报》这样报道："赤匪通过叙永后，意欲窜逃筠连渡江，被高、珙两县之川军防堵甚严，匪计不得逞。赤匪内有滇人罗炳辉，因熟悉本省地情，乃献计趁我军未到达前，拟由威信小道偷过盐津，西窜绥江，企图渡江入川。朱、毛各匪首乃亲率万余人，依计而行。"[1]（叙永、筠连、高县、珙县在四川境内；威信、盐津、绥江在云南境内）

◉ **历史纵横**

红九军团在云南境内牵制敌人，策应主力渡江，又在渡江之后阻止敌人入川，战略意义重大，在其孤军作战的五十二天内，不仅完整地保存了

1　宋霖：《长征中红九军团单独行军问题再研究》，《党史研究与教学》1999年第1期。

军队，还扩大了队伍，改善了装备。会师主力后，向中央上缴了两百多匹骡马、几千块银圆等物资，大大解决了中央的困难。周恩来对罗炳辉、何长工等负责人说："你们红九军团单独行军这么长，在后面掩护中央、掩护主力顺利北上，不但没有受挫折，还扩充了队伍，增加了钱粮。中央正缺马匹、钱粮时，你们就送来了，真是雪中送炭！"在安顺场，红九军团资助了红一军团第十五师，师政委萧华对罗炳辉说："老九，你们抖得很呀！"

——罗新安，上海市新四军历史研究会军直分会、二师分会：《罗炳辉百年经纬》，上海：中西书局，2015年，第63页。

　　罗炳辉指挥红九军团转战云南期间，除了依靠快速勇猛又机动灵活的战略战术取胜滇军之外，也有通过政治战和心理战，以文战而屈滇军的胜利经历。1935年5月3日，罗炳辉率领红九军团到达云南东川，而当时守城的民团团长正是他在滇军闯荡时的一位旧相识，于是他与这位民团团长开始了通话。罗炳辉说："老伙计，我是你的旧相识罗炳辉，现在是中国工农红军第九军团军团长，手下的兵嘛，不多，就是一个军团，我们要从你们这里路过，你看你们是打呢，还是投降？"对方一听是早已使滇军闻风丧胆的罗炳辉，震惊得半天未答出话来。不久，民团团长一行打着白旗走出城来，罗炳辉迅速走上前说："你们打白旗做什么，快收起来。既然是谈判，就不必打白旗了嘛。"就这么几句话，这位民团团长感觉出来罗炳辉是在给他面子，态度诚恳地说："贵军有什么要求，只要我们办得到的，我们尽力满足。"

　　政委何长工接过话："你与我们罗军团长既然是老相识，就算是帮忙吧。第一，让红军进城，好有个住处，当然得是很安全的；第二，帮忙筹备一点粮款，出门在外，只好走到哪吃到哪；第三，我们还希望在贵地招点兵，希望东川当局不要阻挠。"

　　民团团长一听便连连说道："好，好，我们照办。我方的要求只有一条，希望保留我的民团，至于双方的安全，我把民团都搬出城去就是，不知可否？"罗炳辉说："可以，民团是你们的饭碗嘛。"[1]

第二天，红九军团在东川城内广泛开展群众工作，为群众分粮、分盐、分布匹衣服。东川城广大群众掀起了"拥红"高潮，3 天时间内东川有 1 500 多名青年参加红军，使得蒋介石及滇军企图"在会（泽）巧（家）间地区歼灭罗匪"的军事计划最终覆灭。

7 月，中央红军与四方面军会师后，红九军团改称红三十二军，罗炳辉任军长，划入张国焘指挥的左路军。张国焘坚持错误路线，致使红三十二军滞留川西。而在张国焘推行错误路线期间，罗炳辉忍辱负重，顾全大局，率领红三十二军爬雪山、过草地，终于将部队完整地带到党中央身边。罗炳辉在长征途中表现出高超的指挥艺术，红九军团被中央军委赞誉为"战略轻骑"，罗炳辉亦得到"游击专家"的称号。

统战滇军友　抱病忽长辞

长征胜利结束后，罗炳辉进入延安抗大二期学习。学习期满后，抗日战争全面爆发，罗炳辉即赴华中，以八路军副参谋长身份与周恩来、叶剑英在八路军驻武汉办事处从事统战工作。在武汉期间，罗炳辉结识了许多来自滇军的将士，全身心地投入党的统战工作中去，团结了许多爱国人士积极参加抗日。

罗炳辉还会见了国民党军李英华将军和潘朔端将军，给他们分析了国民党假抗日真投降的本质，阐述了共产党为国家为人民的纲领，此次会晤对他们产生了很重要的影响。

◯ **历史纵横**

美国著名记者尼姆·韦尔斯听说了罗炳辉的传奇故事，专门访问了罗

1　赵宝云、段留锁、赵思璠：《罗炳辉与滇军》，《文史春秋》2009 年第 2 期。

炳辉。她感叹地写道："他是一个真正的中国人，中国历史上任何时期的中国人对他都会感到亲切。他是中国人所爱的关帝型的英雄，是一个智勇兼全的人物。"

——［美］尼姆·韦尔斯：《续西行漫记》，北京：
解放军文艺出版社，2002年，第130页。

1946年5月30日，潘朔端将军率领国民党军一八四师官兵在海城起义。此时的罗炳辉由于积劳成疾，身体处于极端虚弱的状态，他致电祝贺潘朔端起义："潘师长朔端，欣闻贵师起义，举国欢腾。际此反动派醉心内战，全面和平遭受严重威胁之时，吾兄理直气壮，做此义举，吾兄戎马倥偬，为抗战转战东西。在和平民主大道上，携手前进。曷胜欣慰，谨电庆祝，并致慰问。弟罗炳辉并率新四军全体将士同叩。六月十八日。"[1]

不料仅仅三天之后，罗炳辉在山东峄县（现枣庄市）突发脑溢血与世长辞，枣庄战斗是罗炳辉人生中的最后一战。罗炳辉说："我从十六七岁离家以后，始终驰骋在战场上，为人民革命事业贡献了我的一切。我受党长期的培养和爱护，这次重上前线为党和人民捐躯，也是值得的……我毕生没有打过败仗，在我牺牲前再打一个胜仗，作为我对党最后的献礼！"6月23日，罗炳辉的追悼会在山东临沂举行，临沂下半旗志哀，10万军民含泪送葬，送葬军民队伍长达数里。时任新四军军长的陈毅在追悼会上致悼词，并创作了《悼念罗炳辉将军》的长诗，其中八句为：

戎马三十载，将军滇之雄。

反袁到北伐，起义赣江红。

抗日君迈进，饮马江南北。

---

1   赵宝云、段留锁、赵思璠：《罗炳辉与滇军》，《文史春秋》2009年第2期。

苏鲁驰劲旅，日伪告溃灭。[1]

罗炳辉将军墓

罗炳辉是从民国时期的滇系军阀军队中走出来的一位不断追求进步、与时俱进的将领，他由一个名不见经传的普通滇军士兵，最终成为一代军事雄才，用毕生的精力实现了自己的诺言："人生最快慰的是真正勇敢地牺牲个人的一切利益，最热诚努力地为民族独立、自由、解放而斗争，尤其要为劳动大众的解放和利益，以真理、正义、公道为人类的幸福而斗争。"

红九军团作战勇　战略奇兵智谋高

红九军团于1933年在江西建宁建立，罗炳辉任军团长，何长工任政委，郭天民任参谋长，黄火青任政治部主任，由于这支队伍能征善战，周恩来称他们为"战略奇兵"。1934年7月，他们掩护抗日先遣部队——第一方面军七军团东渡闽江，北上抗日。10月，罗炳辉率领红九军团参加长征，负责掩护中央机关和红军主力北上。1935年4月下旬，中央红军一、三、五军团分两路向云南挺进，原留在乌江北岸的红九军团奉命快速跟上，于4月25日从贵州盘县进入云南富源县的龙场口，处于主力右后侧，为西进云南的第三路。1935年4月29日，中革军委在寻甸鲁口哨电示一、三、五、九军团，中央红军应利用目前有利时机，争取迅速渡过金沙江，转入川西，消灭敌人。军委还指示红九军团沿叙昆公路北进，继续单独行动，分散敌军目标，掩护主力红军，过金沙江后在川西与主力会合。

1　陈毅：《陈毅诗稿》，北京：文物出版社，1979年，第57页。

➡ **文献链接** ....

蒋介石关于限期消灭红九军团给王家烈电

（一九三五年四月十四日）

寒末，股匪由紫云西北地区西窜，似有窜扰盘江八属模样。希饬何知重师即开织〔金〕，限皓日以前到达平场，暂归周代总指挥指挥。至罗炳辉股匪，兄坐镇大定，率柏师负责肃清，限期结束。然后将何、柏两师归还追剿纵队之建制。

——中国工农红军长征史料丛书编审委员会：《中国工农红军长征史料丛书2》，北京：解放军出版社，2016年，第207页。

红九军团根据军委命令，纵横驰骋在滇东北的乌蒙山脉一带，开展宣传活动，发动工农群众，伪装强大兵力，声东击西，攻城略地，弄得敌人眼花缭乱，为中央红军主力部队3万多人在禄劝皎平渡渡过金沙江天堑、实现北上抗日的伟大战略转移赢得了时间。

红九军团是一支具有丰富游击作战经验的部队，在中央苏区反"围剿"作战中，就曾多次单独执行作战任务，以散得开、收得拢，可以钻进敌人的中心活动，也可以从敌人前面绕到敌人背后，牵敌人牛鼻子而著名。第一次反"围剿"时，罗炳辉一记奇招，将张辉瓒师引入红军的埋伏圈，并活捉了张辉瓒。为此，毛主席称赞罗炳辉为"牵牛鼻子的能手"。第三次反"围剿"时，为了迷惑国民党的空军，罗炳辉带着几位红军战士，拖着树枝在地上奔跑，以扬起的灰尘迷惑飞机，避免红军主力被轰炸。罗炳辉以行军神速，为自己赢得了"罗炳飞"的称号；在长征途中，罗炳辉的几次断后，在生死攸关的时刻为红军赢得了生机。

从1935年3月27日与主力分兵，到5月21日会师，红九军团单独行动50余日，转战数千里，经历大小战斗20多次，扩军2 000余人，牵制了国民党军"追缴军"和地方部队10余万兵力，胜利完成了掩护主力行动的光荣任务，成了名副其实的"战略奇兵"部队。

宣威扩红出贤才　军团涌现两少将

1935年4月26日，红九军团在军团长罗炳辉的带领下，经过云南宣威板桥镇，在这里共吸收300多人参军。就在这300多名新兵中，走出了两位将军，他们就是开国少将徐文烈、徐文礼。

❀ **阅读聚焦**

罗炳辉本来就是云南昭通彝良人，经常在与老乡拉家常的过程中，宣传革命思想。

徐文烈出生于乌蒙山中一个普通农家，1926年进入云南省立师范学院文史专科学习后，他阅读进步书籍，认识了地下党的同志，带头响应学生运动，并于1928年加入了中国共产党。他常常深入穷苦群众中，教他们唱进步歌曲《工农十二杯酒》《过年调》，给他们讲革命道理，散发革命传单。1934年1月，他回宣威县立中学任教，在学生中秘密组织读书会，进行抗日宣传。听说红九军团来到板桥，徐文烈特意从宣威县中赶到板桥，找到罗炳辉，要求加入红军队伍，就此开始了为革命而征战的戎马生涯。

徐文烈将军

刚开始，徐文烈担任军团宣传干事，由于他是云南人，又具有较高的文化修养和一定的革命经历，很自然地成了军团领导人进军云南的得力助手。徐文烈在红军中进步很快，参军第二年就当上了红三十二军宣传部部长，为罗炳辉提供了许多情报和建议，他

徐文礼将军

激动人心的演讲鼓舞了许多穷苦人民参加红军。到了全面抗战时期，徐文烈担任八路军一二〇师政治宣传部部长，后来又调任陕甘宁绥德抗大总校政治部副主任。

徐文礼是徐文烈的堂弟，出身贫寒，6岁丧父，一家人靠哥哥帮工度日，7岁起开始帮人放牛，念了两年私塾后进入小学读书。1935年红九军团长征路经宣威，在板桥住了一夜，徐文礼毅然加入了红军，跟随红九军团辗转北上，最后到达了陕北。1936年，加入了中国共产党。全面抗战爆发后，徐文礼先后担任八路军一二〇师七一六团连指导员、营指导员等职，参加了雁门关伏击战、百团大战等大小战事上百次，立功无数。

解放战争时期，徐文礼先后担任晋绥野战军三五八旅七一五团副政委兼政治部主任、第一野战军一军一师一团政委，率部先后参加了延安保卫战、羊马河战役、清化砭战役、两次榆林战役、宜川战役等。

徐文烈和徐文礼都是云南宣威县走出来的优秀子弟兵。他们参加了艰苦卓绝的长征，在抗日战争和解放战争中做出了积极的贡献，一生都在为中国人民的解放事业和社会主义建设事业而斗争，这两位开国少将是所有云南人的骄傲。

殷禄才——武装闹革命，游击显英才

1936年夏，云南郭家坟人殷禄才加入中国共产党，党组织将他领导的武装改编为红军川滇黔边区游击纵队云南支队并任其为支队长，要求支队配合纵队作战，开辟以郭家坟为中心的滇东北角的革命根据地。

1935年，中央红军长征途经云南时，受红军革命思想和斗争精神影响，云南大地上成立了一支游击队。他们转战川、滇、黔三省交界的20多个县，持续开展游击战，多次牵制和打击敌人，顽强斗争了12年之久。这支队伍就是——中国工农红军川滇黔边区游击纵队云南游击支队。在这支队伍的名单里，第一个名字是殷禄才，后面还有殷禄坤、殷禄明、殷禄焕等。从相似的名字和共同的籍贯可以推断，他们多半是亲戚。他们和众多云南儿女一起，奋起反抗、坚持斗争，谱写了一段血与火的英雄壮歌。

⬟ 阅读聚焦

云南游击支队正式成立后，积极支持并配合川滇黔边区游击纵队，坚持敌后斗争12年，为中国革命做出巨大牺牲和贡献。

人穷志不穷　拖枪闹革命

殷禄才，又名国清，外号骡子，云南威信郭家坟人。1912年5月1日出生，5岁时父亲病逝，由叔父代管家务，家人辛勤操劳，经营几块田地。后叔婶相继病故，母子二人辛劳度日。因家境清贫，又遭国民党乡村政权和

殷禄才

地霸的敲诈勒索，多次搬家，生活贫苦。

1935年2月，中央红军在扎西集结期间，中革军委决定，动员和选拔一部分红军指挥员，与当地游击队会合，组建中国工农红军川南游击纵队，留在当地开展游击战争，牵制打击敌人，配合中央红军主力北上。1937年7月，川南游击纵队与黔北游击支队会师，成立"中国工农红军川滇黔边区游击纵队"。游击纵队在川滇边区播下革命火种，宣传革命主张，号召工农群众组织起来打土豪、分田地，严惩各地欺压百姓对抗红军的贪官污吏、土豪劣绅，为民除害，在云南边区各族群众中产生了很大影响。殷禄才自幼聪颖机灵，秉性刚强又嫉恶如仇，他不堪忍受国民党政府和当地恶霸的压榨，党和红军的宣传使他看到了希望，他立志冲破命运的枷锁，夺取敌人手中的武器，组织起来进行抗争，以武装斗争寻找出路。

红军游击纵队的生存和发展，严重威胁着高田（第三区）钨城乡乡长陈正杰。陈正杰为确保自己的巢穴无恙，决计扩大自卫大队，增强武装力量，添置弹药装备，欲在郭家坟招收一班人来"保家"，对付红军游击纵队。他遣家丁杨联斌劝说殷禄才加入武装队伍。殷得知杨的来意后，认为想要有出头之日，必须自己拥有武装和武器，遂与族人商议，假意去陈正杰家拜访，实则去探虚实并伺机夺取陈家的手枪，可惜未果。借此，殷禄才邀约了几个青年，拦截了追剿红军掉队的两名川军士兵，夺获2把刺刀和2袋子弹，之后又串联了4名青年为自卫大队长陈正杰"保家"，拖出5支步枪、1支手枪以及500发子弹。接着在滇川边境之王场、中心场收缴了几个乡队长的几支枪，组织起十多个人的武装，开始了农民武装斗争的游击生涯。

接受党考验　力扩武装队

1935年秋，殷禄才感到农民武装力量单薄，难以抵抗反动势力的进攻，毅然找到坚持武装斗争的中共川滇黔边区特委和红军川滇黔边区游击纵队（简称特委和纵队），主动要求参加革命。特委和纵队领导得知殷禄才是被逼上梁山的兄弟，便同他讲明中国共产党的主张和游击纵队的任务，勉励他在本地坚持积蓄力量，积极开展斗争，并同纵队保持经常的联系。殷禄才接受了党的革命思想熏陶，心中有了方向。回到郭家坟后，殷禄才加强了农民武装的思想教育，广泛发动群众，扩大武装力量，以"打富济贫"和"为穷人打天下"为宗旨，率领部队开展游击武装活动。

1936年4月，罗布区和敦乡自卫大队长、地霸张占云派其侄儿张发富率30多人伪装投奔殷禄才，企图伺机谋杀殷禄才。殷禄才识破其计谋，先发制人，击毙张发富，解除其武装，缴获长短枪30余支。6月，殷禄才又带领队伍在四川珙县顺景山凉风坳伏击王场乡乡长杨伯仿的保商队，缴获了10多支枪。受红军革命思想的影响，追随殷禄才参加革命的人越来越多，这支农民武装在很短的时间内就发展到了近百人。

入党显衷心　建立游击队

1936年7月，殷禄才再次找到川滇黔游击纵队领导，又一次要求参加红军游击队。1936年8月，经过随军锻炼与考察，中共川滇黔边区特委和纵队领导都认为殷禄才革命意志坚定，立场坚强，经过党组织的培养教育和战斗锻炼，政治觉悟和军事素质有了较大的提高。至此，殷禄才终于正式加入武装游击队伍，同时，经纵队司令员刘复初介绍、特委批准，殷禄才加入中国共产党。

9月，殷禄才接受纵队领导交给的任务和颁发的番号，带着纵队的原有武装，集中原有武装人员开会，宣布正式成立川滇黔边区游击纵队云南游击支队。支队遵照特委与纵队的指示，以郭家坟为中心，创建游击根据地，开展游击战。为加强党对这支队伍的领导，特委和纵队又抽调红军干部陈华久和刘喜成、王恩培等5名红军战士到云南支队工作，同时任命殷禄才为支队长，陈华久为支队政委。云南游击支队成立后，继承红军传统，加强思想工作，严格执行纪律，保护人民利益。游击支队深深扎根于群众之中，处处得到群众的支持和帮助。遵照特委与纵队的指示，他们采取"隐蔽相机出击，狠狠打击敌人"的方针，坚持开展游击战，打击国民党区乡政权，剿灭拦路抢劫的土匪，铲除地霸武装，保护人民群众的生命财产安全。

○ **历史纵横** ┈┈┈┈┈┈┈┈┈┈┈┈┈┈┈┈┈┈┈┈┈┈┈┈┈┈┈┈┈┈┈

> 云南支队宣传党的信念和主张，队伍人数不断扩充，引起地霸张占云的不安，多次向威信县政府呈报，要其派遣军队前去"剿办"。1936年10月，滇军到郭家坟对云南游击支队进行第一次"围剿"。为保存实力、避其锋芒，支队一边联系纵队请求增援，一边隐蔽到大硝洞内固守。敌军包围支队20多天仍未攻下，扬言要将郭家坟百姓的房屋全部拆毁用来烧洞，并开始动手拆房屋，乡亲们派人到洞内告急。为了避免群众遭受损失，殷禄才决定把多余的枪支弹药埋藏在洞中，隐蔽伤员，率领大部分队员乘着夜色冲出包围，转移到珙县腰磴岩休整队伍。

云南支队成立之初，积极配合川滇黔边区游击纵队作战，并给予纵队有力的策应。1936年9月，纵队由四川边境转到威信斑竹，四川部分地区保安中队300多人由罗亥方向追来，纵队处于川滇军的两面夹击之中。在这样的危机之下，纵队立即与云南支队联系，要求支队火速支援，向川军保安队发起反击，最终转危为安。

忠骨埋青山　青山铸忠魂

❀ **阅读聚焦** ┈┈┈┈┈┈┈┈┈┈┈┈┈

殷禄才与红军云南游击支队显示出坚定的革命理想和信念，坚信正义事业必然胜利。

┈┈┈┈┈┈┈┈┈┈┈┈┈┈┈┈┈┈┈┈┈

1937年1月，川滇黔边区游击纵队被云贵川三省联合重兵"围剿"，领导人员或牺牲或被捕，纵队解体。在失去上级领导、斗争又异常艰苦的条件下，云南支队按照特委和纵队原来的部署，继续在川滇边区活动，同时加强了部队的政治思想工作，拒绝了国民党当局的"招抚"，坚持开展革命斗争。

长篇纪实文学《殷禄才》

1947年2月，国民党整编七十九师倾巢出动，开始第七次大规模"围剿"。那是一场敌我悬殊、艰苦卓绝的战斗。支队顽强抵抗了一个多月，大部分队员牺牲。3月19日，目睹了政委陈华久中弹倒在血泊之中，殷禄才满怀悲愤。眼看子弹就要打完，他将最后一颗子弹顶进枪膛，怒视敌人，饮弹自尽。坚持敌后斗争长达12年之久的中国工农红军川滇黔边区游击纵队云南游击支队，结束了光荣的历史。

殷禄才领导的红军云南游击支队凭借着对共产主义的坚定信仰和对革命事业必胜的坚定信念，不屈不挠、英勇斗争长达12年。在滇川两省边境进行大小战斗100多次，粉碎了敌人的六次"围剿"，一度震惊国民党中央政府，给滇川边境国民党区基层政权、地霸豪绅、地方民团和国民党军队以沉重打击，给国民党统治的西南大后方造成严重威胁，牵制大量敌军，为配合中央红军安全转移北上抗日和中国革命做出了巨大的牺牲和贡献。

中国工农红军云南游击支队，是中共中央、中革军委率领中央红军长征经过云南时播下的革命火种。在与上级长期失去联系、国民党反动派多次重兵"围剿"的艰苦条件下，云南支队和殷禄才、陈华久等共产党人凭着对共产主义的坚定信仰，对革命事业必胜的毫不动摇的信念，进行了艰苦卓绝的斗争，用热血和生命在云南人民革命斗争的历史长卷上书写了悲壮闪亮的一页。

马仲明——兄妹投革命，执笔写春秋

1936年4月6日，红二军团攻占寻甸，时任寻甸县立中学兼职教员的马仲明受中共云南省临工委委托，与红军取得联系。此后，与红军同行过程中的所见所闻为他带来了深刻而长远的影响。

马氏三兄妹　齐身投革命

马氏三兄妹故居（重修）

云南省盐津县，流传着马氏三兄妹的传奇故事。在中国共产党的宣传和号召之下，马氏三兄妹从青春懵懂的少年逐渐蜕变为革命先驱。三种不同的人生道路，共同为云南省乃至整个中国的革命事业做出了贡献：马逸飞投身革命，参与红色战斗；马冰清组织领导滇东北妇女运动，面对森森铁窗忠诚不改，不幸蒙冤衷肠不变；马仲明广泛宣传党的方针政策，动员群众推翻国民党政府黑暗统治。三兄妹不同的人生经历，在一定程度上折射出中国革命的不同发展阶段。其中，三兄妹中年纪最小的马仲明在红军长征第二次过云南寻甸期间，留下了一段难忘的记忆。

秘密联系红军　坚守云南阵地

马仲明，1913年生于云南省盐津县，从小受二哥马逸飞（早期云南学生运动的负责人，后经罗炳辉将军介绍到滇军一八四师任少将参谋长）的影响，积极参加学生运动。1930年底，马仲明先后考入昆明道路工程学

阅读聚焦

马仲明积极与红军联系，受到红军影响后留守云南发展，为其后续保家卫国、开创云南新闻业奠定基础。

校、昆明农校、昆明财经训练班就读。1935年，中央红军长征经过寻甸，留下了深远的影响，人民群众一直怀念、称颂红军。1936年二三月间，马仲明在寻甸县立中学当兼职教员，听闻贺龙、萧克率领的红二、红六军团又将进入云南，可能再次途经寻甸，心里十分激动，急忙赶到昆明，报告云南地下党组织联系人李剑秋同志。他向党组织请示：如果红军到寻甸，他如何与红军联系，他是否可以参加红军。组织答复：如果红军经过寻甸，一定要跟红军联系上，把云南党组织已经恢复和重建的情况报告给红军，而且要把云南的政治、军事情况报告给红军。至于自己是否跟着红军去，听从红军领导的决定。

1936年4月6日，红军到达寻甸，恰逢当地乡民们上街赶集。从乡下到城里来赶街的人很多，东门外最热闹。为了避免伤害群众，红军远远地鸣枪示警，赶街的群众就相继散开了。伪县政府慌忙关了城门，常备中队到城墙上抵抗。不久，红军攻占了北面紧临城边的青龙山，居高临下，寻甸县城很快就被攻下了。事后了解，除了伪县长、少数反动官员和在城墙上对抗的少数敌军官兵外，极端拥挤的东门街道上，没有一个群众受伤。

据马仲明回忆，红军刚刚攻进县城，他就前去联系红军，刚走到县政府门前，遇到了一个红军干部，于是上前跟他打招呼。二人边走边谈，谈到了1930年云南党组织遭受破坏和1935年恢复重建组织的情况，红一

方面军长征过云南后群众的反应以及云南的政治军事情况。马仲明还得知这位同志是总指挥部参谋处的作战科长。马仲明提出想要参军的请求，该同志表示欢迎，但由于马仲明带着任务而来的特殊情况，需要政治保卫局决定，便随即派一个红军战士陪送到保卫局去。马仲明与他连夜出城到达保卫局并找负责人做了相关汇报，值班科长安排他在驻地休息。天还未亮时，马仲明被一阵清脆的号声惊醒，值班科长已在房门口等候。午饭后马仲明与部队一起出发，途经羊街坝子东北部的山坡，远远看到左侧方有一群骑马的人向前奔驰。陪同他的战士告诉他，其中有贺总指挥。马仲明儿时就听过贺龙的英名，对其故事更是沉迷。望着贺龙远去的背影，马仲明心中十分激动。

第二天下午，一阵枪声从左侧方山头那边传进马仲明的耳朵，国民党的飞机在战士们的头上盘旋并投掷炸弹。直到黄昏降临，马仲明与部队终于到了一个不小的村庄宿营。临进村口，就看到柯渡回民写的"欢迎工农红军"的标语。次日，马仲明到街上看了一看，街上贴着不少红军部队的各种告示、宣传标语，秩序井然。

第三天，天还未亮部队又要出发了。这时值班科长找到马仲明并告知他，云南党组织刚恢复不久，地方工作需要人才留下来坚持斗争，希望他为当地革命工作做出贡献。马仲明听后深感自身责任重大，同意了组织的安排。天擦亮后，他目送红军部队全部走出村子，踏上继续长征的路途。

持枪卫家园　执笔写春秋

1938年初，马仲明任国民党陆军军官学校第五分校政治部干事。7月，云南组建滇军第58军开赴抗日前线。经党组织同意，马仲明参加滇军第58军，任军政治部宣传科干事。1941年6月，马仲明到《云南日报》采访部当记者，1943年末到昭通兼任《云南日报》昭通版总编辑。马仲明在共产党员李剑秋、吴宗遥、马冰清等人的帮助下，吸纳了一大批进步青年到报馆工作。1946年春，马仲明与唐登岷、张旭合办《中国周报》。不久，经党组织同意，又与蒋南先一起筹办《夏兴晚报》。之后，根据党组织决定，马仲明打入龙云之子龙绳武创办的《观察报》，任编辑主任。

1949年1月初，中共桂滇边工委前委决定在泸西组建盘北指挥部，负责指挥弥泸地区的武装斗争，并指导党政建设等地方工作，马仲明任副政委兼政治部主任。7月，滇桂黔边纵队第10支队成立，马仲明任代副司令员。12月18日，建水县人民政府成立，马仲明任第一任县长。12月23日，滇南人民行政专员公署在建水成立，马仲明任专员。1950年2月，滇南人民行政专员公署改为蒙自区行政督察专员公署，马仲明任专员。1952年，马仲明参加省委党校第二期学习后，任昆明第一中学校长、昆明中学党总支书记。年底，调云南省中苏友好协会负责办公室工作，之后任省中苏友好协会总干事、秘书长，相继兼任抗美援朝分会秘书长、科学技术普及协会副主席兼秘书长，以及相关的对外友好协会的秘书长。十一届三中全会后，马仲明任云南省政协专职副秘书长，1982年离休，2009年8月病逝。

● 历史纵横

马逸飞（1905—1997），原名马照、马阳生，云南盐津人。1926年加入中国共产主义青年团，翌年转为中国共产党党员，曾任云南省学生联合会主席。1937年9月，被派到上海国民党87师468团参加抗战。1939年经罗炳辉同意，到滇军184师任师参谋长，被授予少将军衔。云南解放后，任省交通厅副厅长，第五、六届省人大常委会委员。1985年离休，1997年9月18日病逝于昆明，享年92岁。

马冰清（1909—1979），女，中国共产党党员，云南盐津人。1927年4月组织成立"云南妇女解放协会盐津分会"，翌年10月加入中国共产主义青年团，成为滇东北妇女运动的先驱。在革命活动中，得到周恩来的亲自关怀。解放后，历任昭通县第一小学校长、昭通师范学校总务主任等职，是昭通县政协委员、县人民代表。1979年10月在昆明病逝。

云南各族人民——奋勇军爱民，感召民拥军

　　红军长征过云南时，经过了滇北、滇中、滇西和滇西北地区，有彝族、苗族、回族、仡佬族、壮族、布依族、瑶族、白族、纳西族、藏族等十多个民族在此地聚居和杂居。面对如此复杂的民族问题，红军实行民族平等政策，赢得了云南地区各族人民的支持。

20世纪的云南少数民族群众

民族繁杂诽谤恶　　红军入滇困难多

　　云南是中国少数民族最多的一个省份，25个少数民族世世代代生活在这里。20世纪30年代，云南仍是一个多种社会形态并存的地区，各民

族分别处于原始公社制末期、奴隶制、农奴制、封建领主制、半封建半殖民地等不同社会阶段，是一个社会经济形态极为复杂的地区，而在其中，中上层阶级多为彝族。因而，当红军长征过云南期间，随时随地都会遇到复杂而紧迫的民族问题。而使得形势更为严峻的是，云南国民党当局采取了一系列措施大肆诽谤共产党和红军，给民众营造出先入为主的恐怖印象，利用人民群众来阻挡红军长征的进程。他们以行政渠道在各县成立"民众防共会"与"剿赤宣传队"，用汉彝回瑶苗等语言文字编印出白话文布告、告民众书、标语、画报等进行反共宣传，进而又恐吓威胁群众，如有替红军宣传、带路、当通司（翻译）、供粮秣者，不论是何人，一律予以枪杀，而如系告密拿获者，奖给新滇币千元……除此之外，各地的恶霸地主也对红军又恨又怕，他们也对红军进行反动宣传："红军来了没有好日子过，红军要把老人像牲口那样关在厩里，饿了撒点包谷子给老人吃；小娃娃要丢天上去，用刺刀接着，把他们一个个戮死……"[1]

◉ **历史纵横** ··

　　国民党滇军军阀龙云就是彝族人，他出生于1884年，彝名为纳吉岬岬，出身于彝族中的黑彝——当时彝族中的统治阶级，自古以来便尚武好战。1935年2月，蒋介石以龙云为"剿匪"军第二路军总司令，命龙率部对抗红军。陈云对此早有认识：

　　云南之民族问题，值得注意者，龙云为彝家，云南军队与政府中上级官员，都属彝家，汉人则受压迫。

　　——陈云：《随军西行见闻录》，北京：红旗出版社，1985年，第26页。

1　中共云南省委党史研究室：《中国工农红军长征过云南史》，昆明：云南人民出版社，2006年，第125页。

种种的现实状况表明，红军在云南所面临的困难和挑战，要比在苏区时更繁多更复杂。要解决这一系列可能出现的冲突和矛盾，则需要党制定好合理正确的民族政策与方针策

🏵 **阅读聚焦**

国民党云南省政府大肆散布的谣言让当地百姓对红军产生了疑虑和害怕。

略，粉碎国民党的谎言与阴谋，争取到云南各族人民的信任与支持，顺利完成战略大转移。

积极宣传纪律明　人民军队获民心

1934年10月，中国工农红军开始长征，先后经过云南的是两大主力——中央红军（即红一方面军）和红二、红六军团（后整编为红二方面军）。为了能够澄清反动派针对红军的诽谤造谣，红军即使处于紧张的行军作战状态，也不忘执行"宣传队"的任务。红军进入云南之后，便以朱德总司令的名义发布了《中国工农红军布告》。除此布告之外，还有《中国工农红军总政治部布告》《中华苏维埃共和国中央革命军事委员会湘鄂川黔分会第四号布告》《对苗族的标语口号》等。

➡ **文献链接**

对苗族的标语口号

1. 红军是扶助苗族、僮族解放的武装。
2. 苏维埃和红军绝对保障苗族、僮族的解放与自由。
3. 共产党是苗族、僮族解放的唯一领导者！
4. 欢迎苗族、僮族群众一致起来拥护红军！
5. 苗族、僮族的民众只有在共产党、苏维埃领导下实行土地革命才能得到彻底解放！

6. 欢迎苗族、僮族劳动群众当红军！

7. 国民党军阀是苗族、僮族最凶恶的敌人！

8. 蒋介石是压迫、剥削苗、僮弱小民族的罪魁！

9. 苗家僮家群众只有打倒蒋介石才能得到解放！

10. 苗族僮族群众与红军联合起来，打倒卖国贼蒋介石！

11. 苗族僮族群众一致动员起来，推翻国民党亲日派！

12. 取消一切苛捐杂税，解除苗家僮家的痛苦！

13. 苗家僮家劳苦群众武装起来，参加红军打土豪分田地！

14. 苗、瑶、僮、回和汉族一切劳动弱小民族一致联合起来！

红六军团政治部印

（此件是红二、六军团长征过云南富源时散发的宣传品，由富源县丫口头村胡萱收藏，原件现存富源县文化馆）

——中共云南省委党史研究室等：《新民主主义革命时期党在云南的少数民族工作》，云南：云南民族出版社，1994年，第79页。

同时，红军还在各种墙面上写了通俗易懂又简明扼要的上千条标语，如："红军是工农自己的武装！""云南工农暴动起来，打土豪分田地！""彝民们团结起来，实行不交租，不还债！""白军弟兄，不烧杀抗日革命民众，联合白军弟兄同胞一致抗日，不打红军，北上抗日本！"让人民了解共产党和红军是代表广大人民群众根本利益的先进和革命的力量。

在云南各地转战时，红军通常还会利用赶集、攻占县城、开仓分粮等每一个与人民群众接触的机会宣传革命道理，告诉百姓们红军是工农的武装，是为劳苦人民谋利益求解放的军队，剖析工人为什么穷、资本家为什么富裕，介绍俄国十月革命的经验和中国上海、广州工人罢工的情况，并进一步指出，革命成功之后，将由人民当家作主，没有资本家的剥削和压迫，土地亦归农民所有，不必受地主的压迫。

除了积极的宣传之外，红军攻克了各县城之后，便会开县府粮仓和土豪的粮仓、盐仓和铺子，将积谷、布、食盐分发给群众，砸开监狱，救

红军过珠街旧址

出无故被关押的穷苦百姓，惩罚当地虐待人民的土豪地主，使得百姓们纷纷拍手称快。

🌸 **阅读聚焦**

中国共产党非常重视思想政治工作，利用多种方式对红军开展革命纪律教育。

同时，红军战士们严格执行"三大纪律""八项注意"。"三大纪律"为：一切行动听指挥，不拿群众一针一线，一切缴获要归公。"八项注意"为：说话和气，买卖公平，借东西要还，损坏东西要赔，不打人骂人，不损坏庄稼，不调戏妇女，不虐待俘虏。

元谋是云南省平均气温最高的县城之一，红军长征经过此处时，已是炎热难耐的五月，红军战士们一个个汗流浃背，口干舌燥。而此时正是元谋西瓜成熟的季节，战士们路过腊甸村的西瓜地想要买几个西瓜解渴，却一时找不到主人购买，只好吃完瓜后将铜币放到瓜壳里留给主人。躲在远处的农民李自民远远地看到一队扛着枪的"大兵"经过瓜地时，本想着今年的瓜又白种了，等到他们离开之后，李自民跑回瓜地一看，瓜虽然变少了，但瓜壳里却多了100多个铜板，这与之前国民党军队的作风完全不同。经过一番打听，李自民才了解到这些兵是工农红军，而此后，红军不拿群众一针一线的故事逐渐在元谋流传开来。

对于少数民族，红军严格执行党的民族政策，尊重各民族的风俗习惯，并与少数民族上层人士进行接触，争取获得各族人民的支持。

1935年2月，朱德总司令在威信田坝乡苗寨青杠林与苗族副族长熊治荣座谈，讲解党的民族政策，指出苗族是弱小民族，受国民党军阀的欺压，要动员他们团结组织起来，拿起刀枪，打土豪分田地，争取民族的解放。

红二军团攻克寻甸县城时，红军邀请地方父老开座谈会，说明北上抗日的主张，宣传党的民族政策，倾听群众意见。会后，红军贴出一张通告，其中有一项内容是命令部队不准进驻清真寺，不准在清真寺旁和回民家中食用猪肉、猪油等。就是通过这样的努力，云南各族人民意识到中国共产党的主张和政策是符合云南各族人民迫切要求和共同愿望的，政治觉悟不断增强，积极主动帮助红军。

➡ **文献链接** ··

中国工农红军总政治部布告

（一九三五年一月）

红军是工农群众自己的军队，实行中国共产党的主张，彻底没收地主的土地分配给农民，消灭豪绅地主封建势力，推翻军阀国民党政府，取消洋人在中国的一切特权，驱逐帝国主义出中国，为创造工农群众自己的政权——苏维埃而奋斗。

红军所到之地，绝对保护工农贫民的利益，对工人主张实行八小时工作制，增加工钱；对农民主张不交租、不纳税、不完债、没收地主的土地分配给农民；对于苗族等少数民族，主张民族自决、民族平等、与汉族工农同等待遇、反对汉族的地主财富佬的压迫；对于白军士兵，欢迎他们拖枪来当红军，参加工农的革命；对于城市乡镇商人，其安分守己者，亦准予自由营业。

红军是有严格的纪律性的军队，不拿群众一点东西，借群众的东西要送还，买卖按照市价。如有侵犯群众利益的行为，每个群众都可到政治部来控告。

凡我工农群众，望勿听信豪绅地主的欺骗，各宜安居乐业，并大家一齐来实行共产党的主张，自动打土豪分田地，实行八小时工作，收缴一切反动武装来武装工农，建立苏维埃政权，及赤色游击队，并欢迎工农群众报名当红军，帮助红军运输，抬担架，谋工农群众的彻底解放。如有破坏红军及造谣欺骗，当反革命派的侦探，进行反革命活动的分子，定当严行处罚。

此布

代主任李富春

公历一九三五年一月

根据贵州省博物馆保存的档案刊印

——中共中央文献研究室、中央档案馆：《建党以来重要文献选编》（第十二册），北京：中央文献出版社，1996年，第43—44页。

红二、红六军团渡过金沙江之后，在中甸的士旺、福格、吾竹一带作短期休整，后进入中甸县城。红军入城之后，贺龙总指挥张贴布告，向藏族同胞宣示红军宗旨，说明红军来意："本军以扶助番民，解除番民痛苦，兴番灭蒋，为民谋利益之目的，将取道稻城、理化，进入川康。军行所至，纪律严明，秋毫无犯。希望沿途番民群众以及喇嘛僧侣，其各安居乐业，不得惊惶逃散，尤望尽其力与本军代买粮草，本军当一律以现金按价照付，绝不强制。如有不依军令，或故意障碍大军通行者，本军该当从严法办，切切此布。"[1]

于是，松赞林寺派出村长夏拿古瓦与红军谈判，贺龙热情地接待了

1　中共中央统战部：《民族问题文献汇编》（1921.7—1949.9），北京：中共中央党校出版社，1991年，第377页。

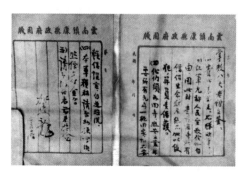

贺龙致八大长老的信

他，并向夏拿古瓦解释了共产党的民族政策与宗教政策，告诉他红军尊重藏族的宗教信仰，保护喇嘛寺和僧侣的生命财产安全，并请夏拿古瓦将其亲笔信带给八大老僧，信中再次阐明了红军的政策和要求，消除了喇嘛对红军的疑虑。

　　5月2日，松赞林寺派夏拿古瓦率藏族同胞捧着哈达、背着青稞酒、牵着牛羊、驮着酥油茶到红军驻扎地总部慰问。第二天，贺龙、任弼时、关向应等前往大寺拜访，并向大寺赠送了一块书写着"兴盛番族"的大红锦幛和丰厚礼物。八大僧被红军的真诚所感动，表示愿意帮助红军筹粮，把归化寺存放的6万多斤青稞卖给红军，中甸城内的商人、富户也纷纷把粮食、马料、红糖、食盐、茶叶等出售给红军，有的还把粮食无偿捐送给红军。而在当时，中甸除了粮食、奶油之外，红糖、盐、茶叶都要通过外地转运，是非常珍贵的物产。藏族同胞能够将它们卖给红军，足以看出来对红军感情之深。松赞林寺还为红军举行了祈福消灾的"跳神"活动，表达了藏族同胞对红军的良好祝愿。

➡ **文献链接** ··

总政治部关于争取少数民族工作的训令

（一九三五年五月十九日）

　　各军团政委、政治部：

　　　　野战军今后的机动和战斗，都密切的（地）关连（联）着争取少数民族的问题。这个问题之解决，对于实现我们的战略任务，有决定的意义。因之，各军团政治部，必须立即把这个问题提到最重要的地位。

（甲）必须向全体战士解释争取少数民族的重要性，及其必须注意的事项：

（1）严格的政治纪律，绝对不准对少数民族群众有任何的骚扰，严禁将少数民族中的富裕分子当土豪打。

（2）绝对的（地）遵从少数民族群众的宗教、风俗、习惯，并将这些习惯向战士说明（如回教不吃猪肉，夷民的男女授受不亲，黑夷之敬重灶君，等等）。

（3）严厉的（地）反对轻视、鄙视少数民族的大汉族主义的愚蠢的偏见。

（乙）动员全体战士向少数民族广大的（地）宣传红军的主张，特别是民族自主和民族平等。利用少数民族对于刘文辉及当地汉族统治者的仇恨，依据当地的实际情况，提出具体的口号，动员他们帮助红军，反对刘文辉及当地的汉族统治者。

（丙）努力争取少数民族加入红军，在最初的时期，即使个别的亦是可宝贵的，政治部对于这些分子在生活上、政治教育上都应加以特别的注意。在人数较多时，应成立某个少数民族的单独的连队，并特别注意与培养他们自己的干部。

（丁）必须进行深入的关于少数民族情况的调查，并依据这个发布切合于某个少数民族的具体的宣传品、布告、传单、图画、标语等等。

（戊）各政治部（处）应将本训令及中央总政以前关于少数民族的原则的指示，提出在政治部讨论，并报告其采取的步骤与方法。

总政治部

19号5时

根据学习出版社一九九六年出版的《红军长征档案史料选编》刊印

——中共中央文献研究室、中央档案馆：《建党以来重要文献选编》（第十二册），北京：中央文献出版社，1996年，第163—164页。

感念红军救星兵，全民欢迎齐支援

在云南，红军队伍每到一处，当地都会有群众冒着生命危险为红军提供帮助，这样的例子不胜枚举，云南各族群众积极响应党和红军号召，纷纷出人出力、送钱送物，留下了众多鱼水情深的故事与可歌可泣的壮举。

　　红军经过云南各地之时，通过严明的军纪和广泛的宣传活动，赢得了广大人民群众的信任和支持。百姓们了解到共产党和红军的主张后，纷纷奔走相告，夹道欢迎，很多原先听信国民党反动派和土豪劣绅谣言而纷纷躲起来的民众，也都陆续回家。有许多群众自发地组织起来热烈欢迎红军，有的燃放鞭炮，有的用红纸做成红旗，前往村头、城外摇着红旗欢迎红军进城。

　　红军进驻柯渡坝后，住在回族聚居的回辉村，一些战士住在清真寺中，寺里的掌教金阿訇热情地接待了红军，两位红军干部到金阿訇家中询问回族人民的生活风俗习惯，金阿訇招待他们吃了家中仅有的苞谷饭和菜炒鸡蛋。红军虽然在回辉村待的时间并不长，但红军所进行的群众工作，深深地感动了回族人民，使回族人民懂得了许多的革命道理，从而拥护党和红军的主张。回族群众纷纷给红军送柴、送菜、送鸡蛋，有的老大妈连夜给红军打草鞋，慰问红军。

　　在滇西，群众自发地将堵塞城门的土坯撤除，将城市街道打扫得干干净净，再张贴上"欢迎红军"的标语，在自家门口摆放好茶水，拉着红军说："在我们这里住下来吧。"

　　在丽江，红军军纪严明、秋毫无犯，尊重少数民族风俗习惯，为穷人打天下的仁义之师美名早已在人民群众中广为流传。因此，当红军的前卫部队到达丽江之时，丽江群众推选出数百名群众代表，按照纳西族的习

红军长征过丽江纪念馆

俗，手持彩旗，在城南东元桥"接官亭"路边摆设香案，打着"欢迎文军"的横幅，以表示对文明之师的敬意，迎接红军入城。

红军进城之后，各族人民将自己家里最好的食品，如米酒鸡蛋、草烟、时鲜水果等拿出来送给战士们，甚至还去红军的住处帮忙洗菜做饭。由于作战环境艰难，很多红军是光

⬗ **阅读聚焦** ·············

红军关爱人民、严守军纪，赢得了人民群众的拥护和支持。
·············

着脚行军打仗的。很多群众便主动为红军打草鞋，甚至还有一些人家想方设法地找了一些碎布，为红军打布草鞋。当红军启程的时候，许多人家早已自发地组织起来站在山路边，依依不舍地送别红军，有的群众帮红军拿行装，有的年轻人一直将红军送到好几个山头之后才往回走，大家都盼望着这支人民的军队能够早日归来。在红军的大力宣传及实际行动的影响感召之下，红军受到了沿途人民的支持和拥护，当地的很多百姓纷纷要求加入红军，掀起了一股扩红热潮。

会泽县者海镇的李正清，带着17个扛扁担的朋友，加入了红军。不满16岁的王定国自幼家中贫困，以帮人做工为生，听了红军的宣传之后便积极要求参加红军。他跑了几个报名点之后，红军都以他年龄不够为由拒绝，他便谎称说自己已有18岁，"穷苦人身体单薄，不长个子"，红军战士不得已只好让他加入。砂山的砂丁，受苦的佃户，城里的贫民、手工业工人成百上千地涌向红军司令部，要求加入其中，有的甚至等在路边，红军路过时就立即参加。仅是在县城开公审大会的那天，就有900多人现场报名参军，甚至东川落雪铜矿的18名砂丁在红军已经上路之后仍想去找红军，一路翻山越岭赶到树桔渡，得知红军已经走远之后，这才遗憾地返回。红九军团在威信大河滩召开的一次扩红动员大会上，当场报名参军的就有晋绍武等20多个人，小坝的肖发文背柴背到扎西赶街，无意中听到红军的宣传，立即就放下背架子跟着红军走了。就这样，红军在云南播下的革命火种越烧越旺。

还有许多少数民族群众在红军的深深感召下自愿参加了红军：丹桂

村和回辉村的毕发斗、毕兆图、傅尤惠等12人被编入军委纵队干部团教导营二营一连七班，该班受到营教导员李成芳的接见和鼓励。为了充分尊重回族的风俗习惯，军委将七班改为"回民班"，特意为他们准备了一口铜锅做饭，在有条件的情况下优先分给鸡肉、牛肉。

据记载，红军长征过云南期间，中央红军在扎西扩红3 000多人，在会泽扩红1 300多人，在寻甸县组建"回民班"，吸收回族青年10余人。1936年红二、红六军团在云南扩红近2 000人。红军长征两次经过，云南数千名英雄儿女参加红军，给红军部队注入了强大战斗力，帮助支持了红军实现战略转移。

红军长征过云南时，有一批伤病员由于疾病严重难以跟随队伍继续前行，他们留在了各个地方。当地的百姓对其精心医治护理，冒着生命危险掩护掉队人员的身份，避开敌军的搜捕。

在禄劝太平乡，有一位十三四岁的小红军因为病重行动困难，没法跟随部队行动，便被一个叫彭元礼的当地人留在家中。彭元礼的父亲是一个农村草药医生，他便用自己的医术为小红军精心治疗。当小红军身体基本恢复时，全家人又帮忙打听红军部队前进的方向，听说还有红军在皎平

禄劝皎平渡红军长征渡江纪念馆

渡口，彭元礼的哥哥彭元义和他的朋友两个人轮流换着背小红军走了30公里，终于在皎平渡追赶上了红军大部队。

威信县柏香坪的一位苗族妇女发现了一位掉队的红军伤员，便即刻将他背回家中治疗。当国民党兵前来搜捕之时，她谎称这位红军伤员是她的亲人，因为得了风寒而重病不起。国民党的追兵害怕被疫病传染，没有翻看便走开了，红军伤员由此逃过一劫。

大姚县的彝族群众在七街发现了一位红军伤员要追赶部队，大家便用担架抬着红军，像接力赛一样沿着红军行进路线一村又一村地追送，一直将他送了12个村寨。当送到独家村时，敌人正追赶过来，群众只好将这位红军伤员交给彝族同胞杨发科护理，杨家老小爬山找草药，为红军伤员医治伤口，精心照顾他五个多月直到痊愈。

有一位叫梁桂民的红军战士，在作战中负伤，他忍着剧痛随部队来到骂拉莫村，掉队在村旁的草丛里。该村张秀英的父亲看到之后，将他背到石头窝里隐藏起来，为了防止敌人搜寻，张大爹将他身上的血衣脱下，换成了农民的衣服，每天为他送饭送水，精心治疗。四个月后，梁桂民身体得以痊愈，要去追赶部队，张家便为他准备了路上所需的食物和路费，含泪将其送到元谋县城马街。

◎ 历史纵横

> 很多红军伤病员被当地各族人民收留做义子、义兄。鲁桥乡王缵贤副乡长收留了红军刘美礼作为义子；贵丰乡王长房收留了一个15岁的负伤红军战士为义子，还为他取名为王索来；茨柯乡汤自光将父亲收留的红军战士田明义认作自己的哥哥，可见云南各地人民都将红军视为自己的亲人一般。

红一军团一师一团一连战士邱太明15岁参加红军，从江西长征到云南元谋县龙街，因生重病不能起床，连长将其寄留在刘恩杰老人家里养病。红军走后，国民党政府下令清乡屠杀红军留落人员，刘恩杰把邱太明背到财神庙里隐藏起来，每天为他送水、送饭、送药。当国民党江边乡长去审问邱太明之时，刘恩杰将他认为儿子。当滇军到龙街时，刘恩杰又急忙将邱太明背去山菁里躲藏，当国民党中央军来时，刘恩杰又将他背去龙王庙佛像后藏起来，躲过了一劫。邱太明病愈之后，无法追赶红军，就与刘恩杰相依为命，共同生活，直到刘恩杰病逝。当地的群众都说刘大爹的两个儿子还没有红军邱太明有良心。

红军两次过云南，都面临着前有天险金沙江，后有数十倍数量的国民党军队追击的困难局面，在这样的危急关头，云南的各族人民都积极帮助红军抢渡金沙江。

为了能够帮助红军先头部队抢占渡口赢得宝贵时间，有的群众帮红军寻找可以利用的船只，有的提供什么地方有船的消息，有的则自发将沉入江底的船只打捞起来。金沙江日日夜夜湍流不息，当地的船工一般情况是不在晚上渡江的，但为了帮助红军，这些船工打破惯例，冒着生命危险驾驶船只帮几万将士渡过天堑。在摆渡的过程中，为了抢救因为翻船掉入江中的战士，船工们便划着木筏前去抢救，有的就此牺牲在了金沙江中。

在红军渡金沙江之时，红二、红六军团在金沙江边的石鼓镇会合，准备渡江。红军总指挥贺龙将军以自己的名义给沿江各渡口士绅写信，动员他们协助红军渡江。他在给鲁桥乡开明士绅、副乡长王缵贤的信中写："缵贤先生大鉴：此次大军道经贵地，因事先未遑派员拜谒左右，以致有惊台端，兹为冰释，望希请勿疑惧。闻得贵地渡河船筏，一律隐藏东岸，此诚不幸之至。字到请阁下将渡河船筏一并派人驶来，以便大军北渡，事竣当给重重劳金。决不至误！"[1]王缵贤看了贺龙的信，为红军的礼貌待人所感动，立即叫船工把隐藏在江对岸的木船和几名船工一起找来，帮助红军渡江。接着在船工的帮助下，红军又相继从其他几个地方找到一些木船，经过四天三夜，红军18 000多人仅仅以六条木船、几十只皮筏便全部顺利渡过金沙江，逃过了敌人的围追堵截，取得了战略转移的大胜利。

---

1   陈金星：《红军长征过滇西北贺龙的统战工作实践及启示》，《云南社会主义学院学报》2021年第1期。

红军长征过云南　革命精神永留滇

红军离开云南之后，云南各族人民都深切地怀念着红军。为了表达对红军的思念之情，他们创作出了数不胜数的歌谣，至今仍在各地流传。其中一首是这样的：

> 三天以前怕红军，
>
> 红军来了爱红军。
>
> 红军走时送红军，
>
> 红军走后盼红军。[1]

中国工农红军在长征途中，一路宣传党和红军的政策、宗旨，播下了革命的种子。同时，红军纪律严明，途经云南期间，严格执行党的民族政策，保护群众利益，给灾难深重的云南人民带来了光明和希望，极大地推动了少数民族的解放运动。云南各族人民把红军看作自己的军队，有志青年踊跃参军，父老乡亲不畏牺牲、敢于斗争，他们都给予了红军极大的支援与帮助，在红军摆脱敌人围追堵截的斗争中，立下了不可磨灭的功绩。

中国工农红军两次经过云南，在此过程中，党的政策和红军的英勇事迹深深地刻在了云南各族人民心中。红军队伍以自己的实际行动向群众生动宣传了党和红军的政策宗旨，为各族人民争取自由、谋求解放指明了道路。

红军在长征中播下的革命火种，对云南人民的革命斗争、云南大地的革命事业，产生了极为深远的影响。在社会主义新时代，红军长征留下的遗址遗物、精神血脉，成了云南各族人民教育后代、砥砺奋斗的生动教材和宝贵财富。

1　王新生：《从流传在云南一些地区的歌谣看红军长征的影响》，《江西科技师范大学学报》2015年第4期。

第五章

传承红色记忆　赓续长征精神

红色印记存云南

一、扎西会议纪念馆

该馆位于云南省昭通市扎西镇东北角。扎西会议会址原为江西会馆和湖广会馆，为纪念1935年2月中央政治局在扎西镇等地召开的会议而设立扎西会议纪念馆。扎西会议纪念馆分为主体陈列和扎西陈列馆辅助陈列两部分。该纪念馆倚山而建，气势恢宏，包括上下两层共四个展厅，共藏有红军长征时留下的枪支弹药、医疗器械以及文献资料等珍贵文物300余件。

　　该纪念馆于1977年12月建成并正式对外开放；1983年1月，扎西会议会址被云南省人民政府批准为第二批省级重点文物保护单位；1997年4月，该纪念馆被云南省委、省政府命名为首批"云南省爱国主义教育基地"；2001年6月，该纪念馆被中共中央宣传部命名为"全国爱国主义教育示范基地"。

二、曲靖三元宫"红军长征过曲靖"纪念园

　　该纪念园位于云南省曲靖市麒麟区西城街道西山社区下西山居民小组。1935年4月27日，中共中央和中革军委召开了西山三元宫会议，此次会议正确分析了当时中央红军所处环境及敌我斗争形势，作出了西进北上迅速抢渡金沙江，到川西建立苏区的重大战略决策，对保存红军有生力量、实行战略转移、顺利渡过金沙江，都具有重大的决定性的意义。

　　1996年10月，中共西山乡党委、政府投资在三元宫前建立纪念碑，碑高1.935米、宽0.6米，碑心竖排镌刻"军委总部首长宿营三元宫遗址"，碑背面刻有560字的碑文；碑座为四台阶八角形，每台高27厘米，表示

1935年4月27日，头戴五角星八角帽的中央红军途经此地；塔顶由三面红军军旗图形组成，表示中央红军军委纵队和第三、第五军团三支部队同日都宿营西山乡境内，旗面长25厘米，寓意二万五千里长征。

三元宫纪念园发挥着传承红军精神，以史鉴今、资政育人的爱国主义教育作用。2009年7月，曲靖三元宫"红军长征过曲靖"纪念园被中共云南省委、云南省人民政府命名为"云南省爱国主义教育基地"。

三、红军长征过丽江纪念馆

红军长征过丽江纪念馆位于丽江城西52公里的石鼓镇。1936年4月，中国工农红军第二方面军（时为红二、六军团）到达石鼓，胜利渡过金沙江天堑，甩脱了几十万国民党军的围追堵截，跳出包围圈，在此渡江北上抗日，谱写了中华民族的伟大史诗。

1977年8月，云南省政府在石鼓建立了"红军长征渡江纪念碑"和"红军长征文物陈列室"，此后不久又将此地设立为"云南省爱国主义教育基地"。1999年，由省、市、县、镇四级党委、政府共同实施完成了"红

军长征渡江雕塑"，并扩建了纪念地园区。2005年，云南省人民政府正式将该地命名为"云南省国防教育基地"。2007年，在中宣部的资助下，对纪念地进行改扩建，新建了"红军长征过丽江纪念馆"，改扩建了原有的文物陈列室、红军亭及红军长廊。扩建后的红军长征过丽江纪念馆系统概述了红一、二、四方面军及红二十五长征历程，并重点介绍了红二方面军长征及过丽江的历史。

红军长征过丽江纪念馆是弘扬民族精神的重要阵地，陶冶道德情操、提升品德修养的重要场所，了解祖国灿烂文明、掌握历史知识的重要课堂。

四、迪庆红军长征博物馆

迪庆红军长征博物馆位于云南省迪庆藏族自治州香格里拉县独克宗古城日月广场北侧，是为纪念1936年红军长征时抢渡金沙江后进入迪庆州所建的专题博物馆。

博物馆建筑面积2 400平方米，分为序厅，雪山草地的铭记，爬雪

山、过草地互动景观，红旗卷起农奴戟，今日长征路，迪庆高原新面貌等展厅。展厅里有序陈列着当年红军进迪庆时使用过的船只、标语、文件书籍以及马灯、药箱、粮袋、水壶等生活用品，还用大量的图片介绍了长征中鲜为人知的故事。

2021年，该博物馆被中宣部命名为"全国爱国主义教育示范基地"，在传承红色基因、促进民族团结以及弘扬爱国主义精神方面发挥着重要作用。

五、皎平渡红军长征渡江纪念馆

皎平渡红军长征渡江纪念馆位于昆明市禄劝县皎平渡镇皎平村委会红门厂村，于1992年由云南省和昆明市投资建设起红军纪念碑和渡江纪念馆，该纪念馆占地面积500平方米，通过大量的实物、文字资料和图片，全面展示了红一方面军巧渡金沙江的战况和毛泽东等中革军委领导高超的指挥艺术。

该馆是云南省级文物保护单位、爱国主义教育基地，为云南省、市、县国防教育和革命传统教育提供了重要场所。著名的皎平渡在中国革命历史上写下了光辉灿烂的一页，2005年被列为全国100处重点红色旅游地之一。

六、会泽水城红军扩军旧址

会泽水城红军扩军旧址位于曲靖市会泽县城近郊，是全国红色旅游经典景区之一。1935年，中国工农红军第一方面军第九军团长征途经此地，一次性扩军1 300多人，筹款10万银圆，为中央红军顺利到达陕北提供了保障。水城扩军旧址也因此而载入史册，成为云南十大红色旅游精品景区以及红色旅游主题公园。景区占地面积30万平方米，有上百年树龄的古梨树3 500余棵。公园集红色文化、夜郎文化、彝族土著文化为一体，文化积淀厚重，自然景观秀美。

七、沾益松林红军长征纪念碑

沾益松林红军长征纪念碑位于云南省曲靖市沾益县盘江镇松林社区北门村，是云南省红色旅游经典景区之一。

红军长征期间在松林的革命斗争，在盘江人民心中树立了巍峨的丰碑。1976年8月，原盘江公社在松林古城北门建立了"英勇奋斗的红军万岁"纪念碑。2008年，松林村委会筹资10万元进行修缮，让人民世世代代缅怀红军。

红军对共产主义的坚定信仰，为人民谋利益不惜流血牺牲的崇高理想，英勇顽强、不畏艰难险阻的革命精神，永远是教育后代的生动教材和宝贵的精神财富。

长征足迹留寻甸

一、红军长征柯渡纪念馆

纪念馆位于寻甸县柯渡镇丹桂村委会丹桂村195号，旧址坐北向南。文物主体建筑由"中央红军总部驻地旧址""中央红军领导人驻地旧址"组成，共4个院落。除军委三局外均为四合院落"一颗印"的格局，由13个单体建筑组成，建筑面积约3 000平方米，保存完好。1935年4月30日，中央红军长征经过柯渡，中央红军总部进驻丹桂村，设总部于四合院内，并在此布置夺取金沙江渡口的战斗。因而此地具有重要的历史意义。

1974年，云南省人民政府在此旧址开始筹备建立红军长征柯渡纪念馆；1977年开馆以来，纪念馆充分发挥了革命文物的教育功能，成为革命传统教育的重要场所。1983年1月，丹桂村中央红军总部驻地旧址被公布为省级文物保护单位；同年，该纪念馆被云南省人民政府公布为"云南省重点文物保护单位"；1992年4月，被定为"云南省近、现代史及国情教育基地"；1997年，被命名为"云南省爱国主义教育基地"；2005年，被确定为全国红色旅游百个经典景区之一；2013年5月，被公布为"全国重点文物保护单位"。近年来，寻甸县对文物主体进行了揭顶式维修，并进行了文物复原陈列和布展，借用现代化技术手段，使红军长征柯渡纪念馆的各项功能进一步凸显与完善，成了干部群众开展党史学习教育和爱国主义教育的重要场所。

二、鲁口哨"4·29"渡江令发布地遗址

1935年4月28日，蒋介石为封锁红军渡江路线，下达命令，控制渡口，搜船封江。同日，军委纵队从西屯村出发，经马龙鸡头村、王家庄一

线，抵达寻甸鲁口哨、大汤姑、阿香、水平子一带宿营。当天晚上，党中央、中革军委在鲁口哨宿营地召开会议，研究北渡金沙江的行动部署。4月29日，中革军委在鲁口哨发布了《关于我军速渡金沙江转入川西建立苏区给各军团的指示》（即"4·29"渡江令）。电令发出后，中革军委又作了具体部署，以总参谋长刘伯承为渡江先遣司令，具体安排是：一军团抢占龙街渡，三军团抢占洪门渡，五军团仍沿军委路线殿后掩护。然后分三路向金沙江急进，分别抢占渡口，一场声东击西、抢渡金沙江的战斗打响了。各路大军先后胜利渡过了金沙江，摆脱了几十万敌人的围追堵截，取得了战略转移中具有决定意义的胜利。

　　寻甸鲁口哨村距离长征的出发地瑞金1 639.1公里，距长征结束地会宁1 691.5公里，是整个长征线路的空间中心点；从瑞金到鲁口哨，红军长征整体方向是由东向西进发，到鲁口哨开始，红军长征线路开始向北转移，所以，寻甸鲁口哨是长征重要的方向转折点。并且鲁口哨会议正确分析了中央红军当时所处环境及敌我斗争形势的变化，及时作出迅速抢渡金沙江到川西建立苏区根据地的重大战略决策，对红军顺利渡江、保存党和红军有生力量以及红军长征的胜利，都具有重大的意义。

　　2016年，寻甸县对鲁口哨"4·29"渡江令发布地遗址修建项目进行立项申报，省扶贫办批准实施鲁口哨革命老区红色幸福家园示范区项目。项目建成进村牌坊1座、红色教育报告厅1栋、红军长征特色展览馆1栋，建成红军长征"4·29"渡江令发布遗址纪念塔和纪念碑各1座、纪念浮雕1块、红色广场2处，完成项目周边道路硬化、环境绿化美化亮化与雨水、污水分流处理管网等基础设施建设。这里已成了寻甸县红色教育的重要阵地、红色旅游的重要载体。

三、六甲之战纪念园

　　为缅怀先烈，寻甸县于1978年4月9日在当年红军第六师作战指挥部旧址贾白山修建了六甲之战纪念塔与烈士墓。塔（立于纪念园内）为砖

混结构，通高9米，塔身宽2米。基座三级，塔身呈方柱形，顶端置一红五角星。塔西侧为红军烈士墓，封土冢呈椭圆形，长3米，宽1.2米，高1米。纪念塔和烈士墓正面朝北，塔上有毛泽东所书"英勇奋斗的红军万岁"，背面是"'六甲之战'纪念塔"字样；塔基座四面分别刻有楷体毛泽东长征诗以及牺牲的红军战士名录。

　　该纪念园于1990年8月被公布为县级文物保护单位；1992年被省委宣传部确定为重要教育场所；2011年4月3日，六甲之战纪念塔整体搬迁至六甲阻击战原址——石门坎。搬迁后的六甲之战纪念塔及红军烈士墓所处位置交通便利，设计更加合理，更有利于人民群众及广大青少年参观、瞻仰，接受爱国主义教育；2011年5月，该纪念园被公布为县级爱国主义教育基地。

四、鸡街红军长征纪念亭

　　位于寻甸县鸡街镇泽和村委会新村水库旁，纪念碑立于1973年3月。纪念碑外形似三棱柱立于一座五角攒尖顶凉亭内，三个立面分别镶有三通大理石碑。东南面碑记叙了1936年红二、红六军团渡普渡河时在鸡街古城遇滇军尾追，与滇军英勇战斗的事迹；西南面碑记叙了1936年红六军团抢渡普渡河受阻，从鸡街向柯渡转移时，当地居民朱仕光收留一名小号

兵在家养伤并机智解救小号兵的故事；西北面碑记录了牺牲的红军烈士名录。亭子前20米处有中共云南省宣传部于1972年立的"昆明地区中国近现代史和国情教育基地"及"曲靖地区近现代史和国情教育基地"碑两通。鸡街红军纪念亭具有一定的历史价值及教育价值。2020年3月，该纪念亭被公布为县级文物保护单位。

五、横河红军烈士纪念碑

该纪念碑立于1978年，位于寻甸县六哨乡横河村委会横河村北的台地上。1936年4月7日，中国工农红军二、红六军团长征过横河时遭国民党敌机轰炸，有23名战士牺牲，他们虽死犹荣，革命精神永放光芒，横河红军烈士纪念碑为此而立。纪念碑系砖混结构，呈方柱形，通高8米，座边长1.62米。碑身正面有"红军烈士纪念碑"7个正书大字。碑文叙述贺龙、任弼时、萧克等率领红军长征过横河的历史。整个纪念碑风化较为严重，碑体印刻的文字已被风蚀而全部掉落，仅剩内部砖混结构。横河红

军纪念碑具有一定的历史价值和教育价值。2013年6月，该纪念碑被公布为县级文物保护单位。

六、柯渡镇丹桂村清真寺

　　该寺位于寻甸县柯渡镇丹桂村委会丹桂村中部，始建年代不详，清光绪二十二年（1896）重建，坐东向西，建筑占地面积为271平方米。现有叫拜楼、朝真殿及左右厢房。朝真殿为抬梁式单檐歇山顶，通面阔为13.3米，通进深11米；拱椽独具特色，14道隔扇门雕刻工艺精湛，独树一帜，门上的"暗八仙"图案栩栩如生，板壁上的壁画惟妙惟肖、技艺非凡。朝真殿对面的叫拜楼为三重檐四角攒尖顶，底层设寺门；楼高30余米，共四层，通面阔为12.5米，通进深为10米。叫拜楼二楼穿枋上写有"红军绝对不拉夫"的红军标语；另有左右厢房各三间，朝真殿右前方立有碑2通。丹桂村清真寺具有较高的历史、艺术和教育价值。该清真寺2004年1月被公布为市级文物保护单位，2019年2月被公布为省级文物保护单位。

七、回辉村红军标语

标语位于寻甸县柯渡镇柯渡村委会回辉村清真寺内，写于1935年4月。1935年4月红军长征到达柯渡时，为了宣传党的政治纲领、发动群众、瓦解敌人，而用紫红土在回辉村叫拜楼北面的石灰墙上写了一条"红军绝对保护回家工农群众利益"的大幅标语，标语长10米、宽0.5米，共

14字，作为红军执行党的民族政策的具体标志，保存完好。红军标语是中国共产党进行社会宣传动员的历史见证，在当时为红军队伍的壮大和军事斗争的胜利起到了独特的宣传、动员和教育作用，在今天又成了进行革命传统教育和爱国主义教育弥足珍贵的实物教材，1990年8月被公布为县级文物保护单位。

附录

中国工农红军长征过云南大事记

一、中央红军（红一方面军）

中央红军长征于1935年2月至5月先后两次进出云南，在云南境内活动28天。经过威信、镇雄、巧家、平彝（今富源）、曲靖（今曲靖市麒麟区）、沾益、马龙、嵩明、寻甸、宣威、会泽、东川、富民、昆明、禄劝、武定、元谋等17个县境，攻克威信、宣威、会泽、寻甸、马龙、嵩明、禄劝、武定、元谋等9座县城。

（一）中央红军一入云南：扎西会议

2月4日　中央红军先头部队进入云南威信县水田寨。

2月5日　军委纵队进入威信县水田寨。当晚，在水田寨花房子召开中央政治局常委会议。会上，按照遵义会议的决定，常委进行了分工，决定以洛甫（张闻天）代替博古（秦邦宪）在党内负总的责任，实现了党的最高领导权的顺利交替。

同日，中央书记处就中央苏区的战略方针和组织问题发出了给中央分局的指示电，结束了自长征以来中央对全国各苏区和红军部队"无指示、无回电，也不对全国部署总方针"的局面，恢复了对全国革命斗争的领导。

2月6日至8日　中共中央在威信县大河滩庄子上召开政治局会议，讨论通过了张闻天起草的《中共中央关于反对敌人五次"围剿"的总结的决议》（即《遵义会议决议》）。会议决定改变原定北渡长江的计划，作出向川滇黔边境发展的新的战略决策。

2月7日 中革军委发出《关于我军向川滇黔边发展的指示》。

2月9日 中共中央在威信县扎西镇江西会馆召开了政治局扩大会议，研究部署红军精简缩编问题，作出回师黔北、重占遵义的重大决策，并作出成立中共川南特委和组建中国工农红军川南游击纵队的决定。会议还对红二、红六军团的战略方针和组织领导问题作出决定。

2月10日 中革军委发布《关于各军团缩编的命令》，除干部团外，中央红军编为16个团，部队进行轻装，为大规模开展运动战创造良好条件。同时发动群众踊跃参加红军，扩大红军3 000多人。

2月11日 根据中央新的战略方针和中革军委的部署，中央红军开始从扎西地区回师东进。

2月12日 红五、红九军团佯攻镇雄，回师威信县石坎子。滇敌退保镇雄城。

2月14日 中央红军全部离开威信县境，进入川南地区。

（二）中央红军再入云南：抢渡金沙江

4月23日 红三军团先头部队进入云南富源县黄泥河。此后，中央红军主力分三路进入云南。

4月24日 红一军团前卫一师二团到达富源营上的白龙山地带，与堵防红军的滇军李菘独立团遭遇，激战数小时，红军攻占白龙山，歼敌百余人，李部弃城星夜向沾益方向溃逃。

4月25日 红一军团一师在红三军团一部配合下，在沾益、富源交界糯岗、羊肠营、蛱子口一带将李菘团包围，激战数小时，毙敌200余人，伤敌无数，李菘率残部逃入沾益城。当天，中革军委向一、三、五军团发出《关于消灭沾益曲靖白水之敌的指示》。

同日，独立作战的红九军团在乌江北岸完成牵制敌人的任务后，从贵州盘县进入云南富源，奉命向滇东北宣威进发，吸引追敌向北。

4月26日 红三军团一部赶到沾益城北，对县城实行包围。8架敌机在白水一线对红军轰炸扫射，20余名红军战士牺牲。

4月27日 中革军委在曲靖西山乡关下村面店坡附近，截获从昆明开往贵阳的敌军车，车上载有红军急需的云南军用地图20份，以及龙云送给薛岳的大批云南土特产。中革军委凭借这批军用地图，很快确定了精确的行军路线及战略目标，为红军北渡金沙江与红四方面军会合发挥了重要作用。

同日，红一军团攻占马龙县城。红九军团进占宣威县城。

4月28日　中革军委首次作出抢渡金沙江的部署。当晚，军委在29日关于部队行动的电文中，"令林、聂率先头师带工兵，以赶到金沙江边架桥"。

4月29日　中革军委在寻甸鲁口哨以"万万火急"发出《关于我军速渡金沙江转入川西建立苏区给各军团的指示》。中革军委致电中央红军一、三、五、九军团，要求利用有利时机，争取迅速渡过金沙江，转入川西，消灭敌人，建立苏区根据地。

同日，红一军团分兵两路直捣昆明外围的嵩明县城和杨林兵站。二师一部袭取杨林兵站，缴获粮食和其他物资；一师、二师各一部攻克嵩明县城。龙云大惊，下令死守昆明城，为红军主力乘势向西北前进，顺利渡过金沙江创造了条件。

5月1日　中革军委第三次调整渡江部署。军委致电一、三、五兵团限5月4日赶至江边预定地点。红军分三路向金沙江急进：左路红一军团抢占元谋龙街渡；右路红三军团抢占禄劝洪门渡；中路干部团抢占禄劝皎平渡；五军团殿后。

当晚，军委令总参谋长刘伯承率干部团先遣营附一个工兵连，外加李克农带领的中央工作组，带一部电台，前往皎平渡抢占渡口。刘伯承率干部团三营连夜从禄劝小仓街（今翠华）出发，经过一天一夜连续行军，赶到皎平渡口。

同日，红一军团先头部队攻克禄劝县城，释放200多名无辜遭关押的群众。

5月2日　红一军团先头部队攻占武定县城，伪县长周自得被红军击毙，红军解救出150余名被关押的无辜百姓，打开伪县政府粮仓、没收地霸豪绅的钱财分给穷人。

同日，红九军团攻占会泽县城，向贫苦群众分发 1 000 余石粮食和许多财物，扩红 1 500 余人。

5月2日 子夜，干部团三营连长肖应棠带领前卫连，到达皎平渡口，在江边获取木船 2 条。次日凌晨，在当地船工的帮助下，红军顺利占领了江对面的中武山渡口。之后，干部团主力赶到，经过激战，全歼川军刘元瑭部两个团，占领了皎平渡通往会理之间的重镇通安，为全军顺利渡江创造了条件。工兵连架设浮桥未成，红军利用 6 只木船，加紧摆渡过江。

同日，红一军团一部占领元谋县城，一部向龙街渡急进。红三军团到达禄劝洪门渡。红五军团奉令在距皎平渡 70 余里的禄劝石板河（今坎登乡）一线布防，阻击追敌，掩护大部队安全渡江。

5月4日 军委纵队和领导机关开始从皎平渡渡江。左路红一军团先头部队到达龙街渡口，几次架桥不成。右路红三军团先头部队到达洪门渡口，架桥渡江未果，仅十三团靠 1 只木船，分批摆渡过江。

同日，红九军团先头部队到达巧家树桔渡口（今属昆明市东川区）南岸。

5月5日 军委纵队全部从皎平渡渡过金沙江。中革军委电令一、三军团迅速赶到皎平渡口渡江。

同日，红九军团先头部队袭占汪家坪盐场，夺得沉没在江北岸的盐船 40 多条。

5月6日 红九军团全部人马从树桔渡口顺利渡过金沙江，受到中革军委的嘉奖。按照中革军委的电令，5月7日至12日，红九军团沿江而下，严密防守，保证红军主力在皎平渡渡江。

5月7日 红三军团除留十三团在洪门渡继续渡江外，其余赶到皎平渡全部过江。

5月9日 红一军团在前往皎平渡途中，除一个野战医院在鲁车渡渡江外，其余赶到皎平渡渡过金沙江。

同日，在禄劝石板河担任阻敌任务的红五军团完成掩护主力过江后，也赶到皎平渡顺利渡江。

至此，中央红军3万余人马，分别从禄劝皎平渡、洪门渡、鲁车渡和东川树桔渡渡过金沙江，摆脱了数十万敌人的围追堵截，取得战略转移中具有决定意义的胜利。

二、红二、红六军团长征过云南

1936年，红二、红六军团长征四进四出云南，在云南境内活动67天。途经彝良、镇雄、平彝（今富源）、宣威、沾益、曲靖、寻甸、马龙、嵩明、禄劝、昆明、富民、罗次（今属禄丰县）、禄丰、盐兴（今属禄丰县）、广通（今属禄丰县）、楚雄、牟定、镇南（今南华）、大姚、姚安、盐丰（今属大姚县）、祥云、宾川、鹤庆、丽江、中甸（今香格里拉）等27个县境，攻占寻甸、富民、盐兴、楚雄、镇南、牟定、姚安、祥云、盐丰、宾川、鹤庆、丽江、中甸等13座县城，摆脱了十余万敌人的围追堵截，取得战略转移决定性的胜利。

3月6日　红二、红六军团从贵州赫章县进入云南彝良县境内。

3月7日　红二军团在彝良县寸田坝、坪地召开群众大会，镇压地霸、开仓济贫。

3月8日　凌晨，敌樊嵩甫纵队第二十八师先头部队进入红军伏击圈，红军全歼敌2个连，俘敌近百名，迟滞了敌军的追击行动。

3月9日　红二军团四师进入镇雄花山、放马坝一带。

3月10日　红二军团前卫四师突袭并夺取镇雄西南要塞广德关。

3月11日至12日　红二军团四师、六师在距镇雄县城25公里的贵州赫章县哲庄坝伏击敌万耀煌部十三师，激战一日，毙敌120人，俘敌200余人。

3月15日　红二、红六军团全部撤离云南镇雄，进入贵州赫章县境。

3月16日　红二、红六军团从赫章向西南前进，再次进入云南彝良县奎香镇。

3月18日   红军停止西进，调头南进，离开云南彝良县进入贵州威宁县境。

3月20日   红二、红六军团经赫章转出乌蒙山腹地，向盘江地区前进，分东、西两路进入云南宣威县境，决定攻打宣威县城，在滇黔边创立革命根据地。

3月22日   红二、红六军团按照诱敌方案，分别从倘塘、龙潭出发，向距宣威县城约15公里的来宾铺一线运动。

3月23日   红六军团和红二军团四师在宣威来宾铺、虎头山和陡山坡一线，与滇军刘正富旅及其配属的独立团等部展开激战。滇敌孙渡纵队鲁道源、龚顺璧两旅赶至增援，红军与两倍于己的敌军在长达10余公里的地域鏖战，歼敌近千人，370余名红军指战员壮烈牺牲。入夜，红军主动撤出战斗，分南、北两路向东转移。

同日，红二、红六军团接到张国焘、朱德来电，指示在"渡河技术有把握条件下及旧历三月水涨前，设法渡金沙江"，北上甘孜与四方面军会合。同时提出5个渡河参考地点。

3月28日   红二军团从宣威田坝全部进入贵州盘县，并迅速攻占盘县县城。红六军团由宣威海岱进入平彝（今富源）县境。红六军团一部佯攻平彝县城，掩护主力从县城外通过，红六军团次日进抵盘县亦资孔地区。

3月29日   红二、六军团致电红四方面军，表示可以从元谋龙街渡口渡江。

3月30日   朱德总司令复电，指示红二、红六军团最好在"第三渡河点（元谋龙街）或最后路线北进，与我们会合一同北进，亦可先以到达滇西为目的"。

同日，红二、红六军团领导人在贵州盘县召开会议，决定执行北渡金沙江的指示。

4月1日   红二军团进抵云贵交界纸厂一带，红六军团进入富源县的营上、民家、赫岩一带。

4月2日   红二、红六军团全部进入云南平彝县境。随后向滇中急进。

4月3日　红二军团进入沾益县境。红六军团进入马龙县境。

4月4日　红六军团一部攻击马龙县城未果，主动撤离。

4月6日　红二军团到达寻甸县城附近。六师十八团奔袭攻占寻甸县城。中共云南临时工作委员会派党员马仲明与红军联系。红军在寻甸扩红近百人。

4月7日　红二、红六军团在寻甸可朗河河谷会合后，进驻柯渡、可郎一线。数十名红军战士在敌机轰炸中牺牲。

4月8日　红二军团四师先头部队赶到普渡河铁索桥东岸，与先机抢占铁索桥之滇军发生激烈战斗。红十二团从铁索桥下游1公里处渡河成功，后续部队准备继续过河。由于敌人占据有利地形，加上敌军增援部队不断赶到，红二、红六军团总指挥部改变从元谋渡江北上计划，令已过河的部队返回河东岸，向主力部队靠拢。

4月9日　红二军团六师奉命返回寻甸六甲地区，阻击滇敌龚顺璧旅，激战一天，保证了大部队的安全转移。

4月10日　红二军团急行40余公里，进抵昆明以北的阿子营、羊街和鼠街一带，造成进攻昆明的态势。龙云急令扼守普渡河的滇军各部迅速回防。

4月11日　红二军团六师十八团攻占富民县城，解救出被关押的穷苦百姓。红六军团迅速从富民境内普渡河上游渡河。

同日，经六军团领导人萧克等人允许，在红六军团中生活达18个月并跟随红六军团长征的瑞士籍传教士勃沙特（中国名：薄复礼）离开红军。勃沙特将自己的经历写成《神灵之手》一书在英国出版。这是外国人最早介绍红军长征的书。

4月12日　红二军团全部渡过普渡河。同日，红二、红六军团进入罗次（今属禄丰）县境。

4月13日　红二军团抵达禄丰县城附近，军团部和六师驻禄丰县城郊的科甲村。当晚，总指挥贺龙派干部到科甲小学看望师生，宣传红军的宗旨和共产党的主张。

4月14日 红六军团南下占领盐兴县（今属禄丰）元永井，把没收的恶霸、土豪财物分发给群众，当地500多名青年参加红军。

4月15日 红六军团袭占盐兴（今属禄丰）县城黑井，打开盐仓粮库，救济贫苦百姓。几十名青年参加红军。红六军团将沿途参加红军的青年组建为1 000余人的新兵补充团。

同日，在地下党组织的配合下，红二军团四师攻占楚雄县城。

4月16日 红二军团五师攻占镇南（今南华）县城，救出100余名被关押的群众，数十名青年参加红军。

4月17日 红六军团向姚安县前进，县长弃城出逃，当地百姓打开城门，欢迎红军进城，100多名青年参加了红军。贺龙等电告朱德、张国焘：我们决定采取鹤庆、丽江、中甸路线前进。

4月19日 红二军团六师袭占祥云县城，红军在祥云扩军六七百人。

同日，红六军团攻占盐丰（今属大姚）县城，召开群众大会，开仓分盐。

4月20日 红二、红六军团同时向宾川县前进。红二军团四师经过激战，攻占宾川县城。270余名群众加入红军。

4月21日 红二、红六军团主力分别进入宾川县境。

4月23日 红二军团前卫四师抵达鹤庆县，县长和守城常备队逃散，红军在各族人民的欢迎中进驻县城。

4月24日 红二、红六军团领导人在鹤庆县城召开军事会议，研究部署抢渡金沙江的战略行动。

4月25日 红二、红六军团总指挥部在丽江县城召开师以上干部会议，进行政治动员，要求全力以赴实现渡江北上计划。

同日，红二军团前卫四师疾速西进抵石鼓镇，找到7条船和28名船工，又组织几十名木匠、铁匠抓紧赶制木筏，为抢渡金沙江做好准备。

4月26日 红二、红六军团全部到达石鼓。分别从木瓜寨、木取独、格子、茨柯、余化达5个渡口，全面抢渡金沙江。

4月27日 渡江进入高潮，红二、红六军团主力成功渡过金沙江。

4月28日　担任后卫的红六军团十六师从余化达渡口渡江。至此，红二、红六军团在丽江石鼓至巨甸60余公里地段上的5个渡口，全部渡过金沙江西岸，摆脱了尾追的敌人。

4月29日　红二军团前卫四师翻越雅哈雪山，到达小中甸。红军大部在格鲁湾、苏甫湾、开文等地休整，为进入中甸藏族地区做准备。

4月30日　红二军团前卫四师进占中甸县城，红二军团主力抵达小中甸。红六军团仍在格鲁湾。

5月1日　红二军团在中甸县城以湘鄂川黔滇军分会主席贺龙名义发布布告，阐明红军的性质和纪律，宣传红军的政策。当天下午，贺龙接见松赞林寺松谋活佛派来的喇嘛代表夏拿古瓦，并请他将亲笔信带给松赞林寺的八大老僧，信中再次阐明了红军的政策。

5月2日　松赞林寺派出8名代表，带着礼物，由夏拿古瓦带领，到红二军团部驻地慰问。同日，红六军团翻过雅哈雪山至小中甸。

5月3日　贺龙等红二军团领导一行40余人应邀到松赞林寺回访，贺龙向松赞林寺赠送"兴盛番族"锦幛。

5月4日　贺龙、任弼时主持召开红二军团和红六军团十六师连以上干部参加的中甸会议。决定红二、红六军团从中甸兵分两路，北上甘孜。

5月5日　红二军团离开中甸北上，松赞林寺派出人马数骑为向导，陪送红军出境。当天，红六军团进入中甸县城，召开干部会议，贯彻中甸会议精神。

5月6日至8日　红六军团在中甸休整，开展群众工作。

5月9日　红六军团大部从中甸出发，向格咱、乡城方向进军，后卫仍在中甸。

5月10日　红二军团前卫部队占领西康德荣县城，红六军团前卫部队翻越纳雅雪山。

5月11日　红六军团主力翻越纳雅雪山，抵翁水宿营。

5月12日　红六军团主力越过大雪山，进入西康乡城。

5月13日　红二军团全部抵达德荣。红六军团大部进入定乡县境。

5月14日　红六军团十七师占领定乡县城，红六军团全部抵西康定乡县城及其附近。至此，红二、红六军团全部离开云南。

——中共云南省委党史研究室：《红军长征过云南大事记》，
《云南日报》，2016年11月20日。

红军长征两次过寻甸

寻甸人民永远不会忘记寻甸历史上的光辉岁月。

1935年1月，历史性的遵义会议，确立了毛泽东同志在党和红军的领导地位，在中国革命的危急关头，挽救了红军，挽救了党，拨正了中国革命的航向。

中央红军（红一方面军），在党中央和毛泽东同志的正确指挥下，经二占遵义，四渡赤水，南过乌江，佯攻贵阳，调出滇军，1935年4月23日，大踏步进入云南，经富源（原平彝县）、沾益、曲靖、马龙，于4月28日分三路从我县七星乡的大汤姑、鲁口哨和高田一带，以及草鞋板桥（亦称虹桥，原属寻甸所辖，现属马龙县）等地进入我县。

4月29日，中革军委在大汤姑、鲁口哨地区发布了具有战略意义的《关于我军速渡金沙江转入川西建立苏区给各军团的指示》。

当日，红军各路大军，遵照军委指示，以急行军速度向金沙江方向开进。军委纵队从大汤姑、鲁口哨出发，经下麦场，从金家村翻山过羊街坝子，至先锋姚家村宿营。30日沿可郎河进柯渡坝，走在前头的干部团"设营队"在麦场活捉敌区长，占领木龙马乡公所后，化装为国民党中央军。可郎村前来"欢迎"的大恶霸张焕清束手就擒。五军团紧随军委纵队负责殿后。

一军团从草鞋板桥出发，分两路经易隆和塘子西山至嵩明，又分左、中、右三路向禄劝县境内的普渡河进军。左路袭占杨林，经白邑、阿子营入富民县，先头部队抵距昆明仅15公里的大板桥，摆出要攻昆明的架势。中路经大村子至款庄（原属寻甸所辖，后划归富民县），右路经东村，从竹箐口越梁王山，由百子村从可郎至柯渡，经乐郎至款庄。

4月29日，三军团从高田、戈夸一带出发，向县城移动。负责攻打县城的四师，在校场坝设指挥部，主力分布于古城、回龙、月甲、北观等环城线，并控制制高点青龙山。为防援敌，又派出部队占领卧云山坡头。

战斗打响后，国民党县长李荆石见势不妙，只身逃至南钟街李府德家畜厩房内躲藏，恰巧被南门街肖铜匠的独生女，年仅13岁的肖粉香看见。红军入城，在肖粉香的带领下，活捉了李荆石。

红军攻克县城后，打开监狱解救90多名被关押的穷苦群众，在钟鼓楼附近宣传中国共产党和红军为工农大众闹翻身、求解放的革命道理，以及为民族坚决抗日的主张。并打开县府和大户人家的粮仓、铺子，将大量粮食、一万多尺布、几千斤食盐和其他财物分给穷苦百姓。红军宣传员在城内外墙下写下："打土豪分田地！""红军是工农自己的军队""红军北上抗日打帝国主义！"等大幅标语。在城内外，红军严格执行"三大纪律、八项注意"，深受群众好评。

红军将李荆石等贪官污吏游街示众，李荆石及司法科科长李景芳、理财科科长刘晋德、清丈分处处长王名卿于次日被押在行军途中处决。

4月30日三军团大部队经海头、横河梁子，从大白梨树入柯渡坝，后经鸡街入禄劝县境过普渡河，向金沙江前进。其先头部队未入寻甸城，经老弯地、麦场，过牛拦江翻山，经清水沟、新街一带，越梁王山至姚家村宿营。于30日先于军委纵队入柯渡坝，占领区公所，活捉敌区长杨庭发。

红军走后，国民党县政府在寻甸城内进行大搜捕，强迫群众交还所得财物。肖粉香被五花大绑，插上斩标，游街示众，押至城外马桑棵枪杀。小英雄肖粉香为革命，为寻甸人民献出了年幼的生命，从此，她的英雄事迹不胫而走，在寻甸各族人民中广为流传。

4月30日，军委纵队进入柯渡坝，军委总部驻丹桂村土豪何本恩家四合院里，周恩来副主席、朱德总司令和刘伯承总参谋长等中央军委首长都在此办公住宿。毛主席住在紧靠总部南边土豪杨明修家的广式楼房里。傍晚，毛主席不顾长途跋涉的劳累，亲自到离丹桂两华里的柯渡街去看望住在卫生部的董必武、林伯渠、谢觉哉、徐特立四位老同志和红军伤病员。

这一天，周恩来副主席一直不停地为部署抢渡金沙江的大事而操劳。在总部驻地，他代表党中央和中央军委任命刘伯承为渡江先遣司令，向军委纵队干部团团长陈赓和政委宋任穷传达军委关于抢渡金沙江的有关决定，任命干部团为渡江先遣支队。周副主席在精心部署有关抢渡金沙江的作战方案后，一再叮嘱道："夺取皎平渡，关系到全军安危，只能成功，不能失败！你们要抢时间、赶速度，赶到渡口，做到出敌不意。"又派中央政治局局长李克农带中央工作组协助干部团完成任务。随后，又将干部团二营五连连长肖应棠叫到办公室，在详细了解该连队情况后，指定该连为渡江前卫连。夜里，周副主席又忙着批阅电文，拟定行军路线和日程，并送毛主席批示，直至电文、命令发出后，才稍作休息。

朱总司令在繁忙的军务中，还抽空来到回辉村清真寺，接见当地回民宗教上层人士，向他们宣传党和红军的民族、宗教政策。红军宣传员在回辉村清真寺墙壁上写下的"红军绝对保护回家工农群众利益"（注："回家"即回民）的大幅标语，至今还清晰可见。

住各村各寨的红军，以演说、走访群众和各阶层人士、书写各种宣传标语等形式，向各族人民广泛宣传革命道理，各族青年踊跃参加红军。10余名回民参加红军后，为尊重他们的生活习惯，将他们编为一个"回民班"。

5月1日晨。干部团召开干部会议，作战前动员部署。当天军委纵队离柯渡，经鸡街入禄劝县境，过普渡河至小仓街宿营，行程约100华里。毛主席住界碑村。先头部队直抵皎平渡，歼守敌，控制两岸渡口。5月2日傍晚，军委纵队从皎平渡胜利渡过金沙江。

紧接着，一、三、五军团也分别从皎平渡、鲁车渡、洪门渡等处渡过金沙江，取得了战略转移中又一具有决定性意义的胜利。就在中央红军过寻甸一年后，红二方面军在贺龙、任弼时、关向应的率领下，按中革军委关于渡过金沙江与红四方面军会合的指示，经富源、沾益、马龙直插寻甸。

1936年4月4日起，红军分别从沾益、马龙经河口乡石甲、七星乡高田和草鞋板桥，分三路进入我县。4月6日二军团先头部队攻克县城，击毙率敌顽抗的国民党县长汤更新。当天，以县政府清丈处会计兼稽核为公开身份的中共云南地下党员马仲明，与红军取得联系。是晚，二军团主力在县城附近宿营，四师驻金所、魏所一带；六军团从草鞋桥（虹桥）经易隆、塘子，达羊街、新街、余家屯一带宿营。

4月7日，二军团从县城和金所、魏所一带出发，经大碑当、母子哨、百子村、磨腮等地至乐朗、柯渡宿营。六军团经磨盘寺、三家村、姚家村至磨腮、可郎一带宿营。当天敌机沿途轰炸，数十名红军遇难。

同日，马仲明随二军团达柯渡，向政治保卫局详细汇报中央红军长征过寻甸以及国民党统治下云南的政治、经济、军事等情况，4月8日，马仲明按红军政治保卫局决定，从柯渡返回寻甸城，随后，又上昆明向地下党汇报与红军联系的情况。后来，马仲明把红军二、六军团长征过寻甸有关情况写成文章，在地下党的油印刊物《火山》上发表。

4月8日，二军团四师抢占禄劝普渡河与敌遭遇，六军团前卫十七师在款庄老干山下小松园，与滇军靖卫团及地方民团共4个团的敌人激战。由于敌占有利地形和有飞机助战轰炸扫射，驻马街敌一旅又赶往增援，红军退至乐郎、鸡街一带。云南省主席龙云趁红军受阻，调中央军郭汝栋纵队至嵩明、羊街布防，以阻红军东退，令滇军孙渡纵队尾追二、六军团。

为阻击追敌，4月9日晨，二军团六师师长奉命率十七、十八两团从柯渡甸尾、可郎掉头，至六甲（现先锋乡境内）利用有利地形阻击敌人。从上午9时战斗打响至夜，红军与敌激战一整天，敌凭借精良装备、飞机配合作战及法制燃烧弹等优势火力，发起10多次冲锋，红军英勇反击，打退敌人一次次的进攻，并主动发起冲锋，进行白刃战。下午，在五师十四团的增援下，胜利完成阻击任务。红军以伤亡200余人的代价歼敌400余人，重创孙渡纵队。深夜，红军撤离阵地翻越海羊哨梁子，10日，从可郎、小猴街至嵩明牧羊一带。

六甲之战的胜利，有力地掩护了二、六军团主力的行动，沉重打击了敌人对红军围追堵截的嚣张气焰，粉碎了敌人企图将红军围歼在普渡河以东、功山以南的阴谋。

4月10日，红二、六军团主力由普渡河一线折转南下，经柯渡，过阿子营，摆出向昆明进军的阵势，就在龙云急调兵力回昆明之时，红军悄悄转向富民，克县城、歼守敌。

二、六军团终于摆脱了敌人四面围堵的重兵。此后，红二、六军团运动迂回至丽江石鼓渡过金沙江，历尽千辛万苦，于1936年7月2日到甘孜与红四方面军会师。

中央红军长征过寻甸，共历时5天，先后过七星、仁德、城关、金所、羊街、先锋、柯渡、六哨、鸡街9个乡（镇），146个村庄。

红二、六军团长征过寻甸共历时7天，先后经过河口、七星、仁德、城关、塘子、金所、羊街、先锋、柯渡、六哨、鸡街11个乡（镇），246个村庄。

红军两次长征的足迹遍布大半个寻甸。我们的家乡是毛主席走过的地方，长征精神永远是寻甸各族儿女心中的丰碑。

——中国人民政治协商会议云南省昆明市委员会文史和学习委员会：
《昆明文史资料选辑　第33辑　东川、寻甸专辑》，
昆明：昆明市政协文史委员会，2000年。

相关专题研究

一、中央红军征战云南实现长征的战略转折

中国工农红军的伟大长征历时两年，跋涉两万五千里，转战11个省，谱写了惊天动地的壮丽史诗。云南是其中一个省份，征战云南意义十分重大。在一个节骨点上，红军征战云南实现了长征路线和方向的转折，为伟大长征取得最后胜利做了铺垫。

（一）长征意图和方向选择的变化

1934年10月，中央苏区第五次反"围剿"失败，红军被迫进行转移，踏上了长征之路。1935年10月15日，陈云在莫斯科向共产国际报告红军情况时，虽然已经有"行程一万一千至一万二千里"的数据，但使用的是"西征"概念，表明当时还只是确定了向西发展的意图。

"向西"是个大方向，究竟要在哪里建立根据地？行军路线是什么？长征开始时并不明确，后来事实上也发生了变化。最先的选择是到湘西与红二、六军团会合。1934年11月27日至12月1日，中央红军在湘江上游广西境内与国民党军苦战五昼夜，以惨重代价强渡湘江，突破了国民党军的第四道封锁线，粉碎了蒋介石围歼中央红军于湘江以东的企图。

从1934年12月到1935年1月的两个月里，经过湖南通道会议、贵州黎平会议和猴场会议的讨论，在川黔地区建立革命根据地的主张在主要领导人中逐步达成共识。党中央放弃了去湘西的原定方向，决定转入贵州境内征战。1月15日中央召开遵义会议，决定"在成都之西南或西北建立苏区根据地"。2月7日在云南扎西召开的中央政治局扩大会议，作出了"回

兵黔北"的决策。由于川军顽强抵抗和滇军主力在川滇边境防堵,红军渡江计划不能实现,党中央果断决定撤出战斗,西渡赤水河,转入征战云南。

1935年2月4日,中央红军第一次进入云南,14日返回贵州,在实现四渡赤水后,于4月23日第二次进入云南境内征战。4月28日,毛泽东、朱德、周恩来等人来到寻甸鲁口哨、水平子一带宿营。当晚,在鲁口哨驻地召开了中共中央、中革军委负责人会议,作出北渡金沙江的决策并进行具体部署。鲁口哨会议改变了向贵州发展的选择,真正实现了"西转",形成了新的行军路线,向哪里发展的方向明确了。

(二)抢渡金沙江的决策和实施

鲁口哨是寻甸县属的一个小村,它因抢渡金沙江的决策而成为伟大长征发生转折的见证之地。1935年4月28日晚,中共中央、中革军委负责人在这个村庄召开会议,毛泽东、朱德、周恩来以及刘伯承、张闻天、王稼祥、博古、陈云、李富春等中央领导同志出席,英明地作出了抢渡金沙江决策,使红军长征出现历史性的转机。

参加会议的领导同志发表了各自意见,毛泽东总结说:"遵义会议后,我军大胆穿插,机动作战,把蒋介石的尾追部队甩在侧后,取得了北渡金沙江的有利时机。云南境内的地形条件,不像湖南、贵州有良好的山区可以利用,我军不宜在昆明东北平川地带同敌人进行大的战斗。我军应趁沿江敌军空虚,尾追敌人距我尚有三四天的行程,迅速抢渡金沙江,以争取先机。"抢渡金沙江的决策就这样形成了。

29日,中革军委在鲁口哨发布《关于我军速渡金沙江转入川西建立苏区给各军团的指示》,特意标注"万万火急"以示重要性。指示告知各军团:"政治局决定,我野战军应利用目前有利时机,争取迅速渡过金沙江,转入川西,消灭敌人,建立起苏区根据地。"这份电令发出后,中革军委立即作出具体部署。党中央和中革军委成立了渡河司令部,陈云担任司令部的领导工作,他说自己"九个昼夜中几乎没有合过眼"。在统一指挥和部署下,红军战士服从纪律,组织严密,兵分三路向金沙江行进。

5月3日，刘伯承率军委纵队干部团抢占皎平渡，渡口的南北两岸被红军完全控制。当晚，毛泽东、朱德、周恩来等率领军委完成过江。至9日，红军各军团分别从皎平渡、洪门渡、树桔渡等渡口渡过金沙江。

抢渡金沙江十分艰难。金沙江两岸悬崖峭壁，高达三百多米，风势吓人。有一天渡江时正值狂风骤起，沙土随风飞舞，河边居民在石洞所筑之草屋都被风掀翻。红军战士发扬不怕牺牲、英勇斗争的精神，靠着六条小船，用7天7夜的时间，完成了3万余人的渡江任务。不是亲眼所见之人很难相信"仅凭此六只破烂之船"红军就能够渡过金沙江，这是英勇的红军将士创造的奇迹。

陈云在向共产国际报告长征情况时指出，我们强渡了金沙江，"进攻的主动权掌握在我们手里，而不是掌握在敌人手里"。红军抢渡金沙江的壮举，使红军走出了被动局面，摆脱了敌人的围追堵截，赢得了伟大长征从江西出发一路走来所没有的时机。

（三）红军征战云南的寻甸红色印记

寻甸县（现为云南省昆明市寻甸回族彝族自治县），鲁口哨会议、六甲之战等红军征战云南的奋斗为这块土地刻上红色烙印。生活在这里的群众有"长征中心、红色寻甸"的说法，表达对自己拥有丰富红色资源的自豪。

首先，"长征中心"表示寻甸成为红军行军时间维度的中心刻度。按照红一方面军政治部1936年8月编撰的《二万五千里》（又称《长征记》）一书记载，中央红军自1934年10月16日从江西出发，至1935年10月21日在吴起镇完成最后一战，总计为371天。以此计算，中央红军长征的时间中心点为186天。以1935年4月28日进入寻甸县计算，距离中央红军出征时间为196天。虽然不是完全精准，但相差十来天的时间并不妨碍把寻甸作为红军长征时间维度上的中心。

其次，"长征中心"表示寻甸成为红军行军空间维度的中心位置。按照《二万五千里》一书记载，中央红军长征行军的总里程为18 088里，这是中央红军直属队单纯行军的里程，作战部队的实际行军路线要更为复杂，红一方面军走得最长的部队确有25 000里。从中央红军行至寻甸县境时的里程计算，大约是10 000里。无论是中央红军18 088里的记录里程，还是25 000里的实际里程，走到寻甸这个地方，基本上处于空间维度的中心位置。

把寻甸作为"长征中心"进行定位的意义在于：中央红军正是在这个行军时空维度的中心点上实现了具有重大意义的路线和方向转折。金一南在《苦难辉煌》中指出，鲁口哨发布的渡江令使"红军的战略方针再次出现重大转变"，"自江西出发就不断在寻找北上途径，一直走到西南边陲，终于找到北上之路"。寻甸就是西南边陲的闪光点，伟大长征在这里迈出了新的步伐。

习近平总书记指出："长征这一人类历史上的伟大壮举，留给我们最可宝贵的精神财富，就是中国共产党人和红军将士用生命和热血铸就的伟大长征精神。"红军长征征战云南，红色寻甸流淌红色血脉。充分利用好这笔红色资源，以弘扬伟大长征精神彰显伟大建党精神，对于全党全国各族人民紧密团结在以习近平同志为核心的党中央周围，坚持和发展新时代中国特色社会主义，砥砺奋进再创新辉煌具有重大现实意义。

作者：齐卫平，华东师范大学教授，中共党史专家；李彦垒，华东师范大学学校办公室副主任，挂职云南省昆明市寻甸回族彝族自治县党委常委、副县长（2020年5月至2022年7月）

二、中国工农红军云南寻甸六甲之战体现伟大建党精神

2021年7月1日，习近平总书记在庆祝中国共产党成立100周年大会上发表重要讲话，首次提出伟大建党精神的重大概念，并揭示了其"坚持真理、坚守理想，践行初心、担当使命，不怕牺牲、英勇斗争，对党忠诚、不负人民"的内涵。伟大建党精神从建党之日起形成，贯穿中国共产党百年历史实践。中国工农红军征战云南寻甸进行的六甲之战，就是中国共产党人实践伟大建党精神的一个历史画面。

（一）中国工农红军第二、六军团征战云南

中央红军到达陕北后，在湘鄂川黔边区的红二、六军团于1935年11月19日告别根据地，从湖南桑植的刘家坪和水獭铺（今瑞塔铺）等地出发，突破重围向湘黔边界转移，开始踏上长征之路。

1936年3月下旬，红二、六军团行军来到云南宣威东北的来宾铺一带。贺龙、任弼时、关向应决定在滇黔边界开创新的根据地，打响了攻占宣威城的战役。敌我双方在来宾铺附近的虎头山进行了一整天的激战，后红军主动撤出战斗。宣威之战为红二、六军团在滇黔边界打开了活动空间，部队继续向南转移至南北盘江之间的盘县一带。

3月底，朱德、张国焘电报红二、六军团通告形势，部署部队行军方向。此时，红二、六军团已和中央红军失去联系半年有余。二、六军团军委分会审时度势，决定渡过金沙江，与红四方面军会师北上抗日。

4月初，红二、六军团兵分两路沿一年前中央红军的路线奔赴金沙江。蒋介石迅速调整部署，派张冲率重兵封锁普渡河铁索桥，阻止二、六军团抢渡金沙江。同时又派孙渡纵队加速从东面追击，企图把红军消灭在普渡河沿岸。8日，当红军先头部队到达普渡河时，渡口已被张冲部队封锁，红军战士与敌军发生激战。战斗从上午10时打到下午5时，贺龙等紧急磋商，决定放弃原计划，改由滇西金沙江上游渡江北上。

然而，红二、六军团渡江计划的新调整面临严重危险，尤其是孙渡

纵队龚顺壁旅的追击，若不能及时阻止，红二、六军团可能会陷入四面被围、前后受敌的境地。9日凌晨，贺龙、任弼时紧急派遣红六师立即返回六甲，坚决阻击龚顺壁旅，掩护整个部队的行动。为确保抢渡金沙江计划成功实施，红军战士在六甲与滇军发生激战，打破了敌人的企图，争取了主动，为部队横扫滇西打下了基础。

随后，红二、六军团巧妙地穿梭在张冲、孙渡等敌军之间，从富民、赤鹫渡过普渡河，日夜兼程西进，把国民党追兵越甩越远。4月25至28日，二、六军团17 000余人全部从丽江石鼓渡口渡过金沙江。待国民党追兵赶到，只看到了红军留下大幅醒目的调侃标语："来时接到宣威城，费心、费心；走时送到石鼓镇，请回、请回"。渡江之后，红二、六军团甩脱了前后强敌重兵，部队翻越滇西北海拔5 300余米的哈巴雪山，在中甸地区稍作休整，继续北上一路前进，于1936年10月到达陕北与红一方面军胜利会师。

（二）红军战士血染蟒蛇河

中国有条蟒蛇河在号称"百河之城"的江苏盐城，被很多人知晓。云南也有一条蟒蛇河，虽然它不如盐城的蟒蛇河那样有名，但伟大长征历史上的六甲之战就发生在这里，红军战士英勇斗争的事迹使这条蟒蛇河永垂青史。

这条蟒蛇河位于昆明市寻甸回族彝族自治县先锋镇，是一条河面不宽、水流也不急的支流河。蟒蛇河四面环山，小河夹在中间成为敌我交战的险情地带。六甲是蟒蛇河畔的一个村庄，这场激战是红二、六军团征战云南至关重要的一战。1975年5月，亲历这场战役的红二军团六师十八团政委王立中回忆说，"六甲战斗是很重要的一场战役，它关系到整个全局"，贺龙在命令红六师折返阻击敌军时，专门强调"这一仗只能打好，不能打坏"。

1936年4月6日，红二、六军团顺利攻克寻甸县城，于次日继续西进，准备打开通往金沙江的要道——普渡河渡口。张冲麾下的滇军近卫第一团、近卫第二团、工兵大队、警卫营在渡口严密布防，试图堵截红军实施渡江计划。9日，孙渡纵队第七旅旅长龚顺壁率领两个团2 700余人向可郎进发，如果他们到达可郎，就会对红二、六军团形成从东、西、南三面合围之势。敌我力量悬殊，一场恶战在所难免。

紧要关头，贺龙、任弼时命令红六师师长郭鹏、政委廖汉生率部迅速反转20多里赶到六甲，以运动防御战阻击滇军第七旅，掩护整个红军的行动。接受任务的红六师第十七团、第十八团迅速调转部队前进方向，将后队变前队，从可郎坝甸尾东返。十八团团长成本新就近找了一个当地的老百姓做向导，率部一口气狂奔崎岖山路，到达六甲的石腊它丫口。

敌军没有料到红军会东返到六甲阻击他们，在遭到红军的迎头痛击后，滇军第七旅以肖本沉团为前卫，凭借人数多、武器先进、弹药充足等优势，集中炮火先向贾白山轰击，再向山的两侧高地发起集团冲锋。红十六团守卫的北侧高地易守难攻，于是敌军开始重点向第一道防线发起攻击。同时，从昆明飞来的三架敌机投入战斗，为滇军助战，向战场轰炸扫射。红十八团浴血奋战，与敌人展开肉搏，十八团二营营长、六连连长壮烈牺牲，政委杨秀山、六连指导员负伤。

当天下午，滇军马继武团部到达战场，与山口南侧的肖本沉团一起发起进攻。红军的弹药越来越少，开始堆砌滚石檑木，应对敌人的反扑，将敌军压制在山下。3时左右，红十八团撤离第一道防线，在第二道防线附近与敌人展开厮杀，战斗呈胶着状态。在这紧要关头，贺龙派五师副师长王尚荣率领十四团从左翼向敌人迂回，一直打到滇军指挥所眼前，敌军被打得晕头转向，仓皇向七甲方向逃去。

六甲之战激战一天，在敌我武器装备悬殊、敌军人数几倍于我军的情况下，红二、六军团战士们以大无畏的英勇气概打退了敌人一次次疯狂进攻，共歼灭敌军400余人。红军也付出沉重代价，牺牲战士达200多人，蟒蛇河被烈士鲜血染红。如今，"中国工农红军万岁"的标语镌刻在寻甸县先锋镇蟒蛇河岸的山体峭壁上，后人在这里修建了"六甲之战纪念园"，纪念园里耸立着纪念碑和烈士墓，前来瞻仰悼念的人络绎不绝，敬献鲜花缅怀革命先烈。

（三）六甲之战生动诠释伟大建党精神

习近平总书记用4句话32个字概括的伟大建党精神内涵，是对中国共产党革命精神的高度提炼，既体现崇高的思想境界，又具有深厚的实践基础。伟大建党精神表现在中国共产党不懈奋斗的一个个历史事件、历史人物上，六甲之战就是伟大建党精神的具体体现。

六甲之战体现了红军战士"坚持真理、坚守理想"的伟大建党精神。回望党的百年历史，人们总在思考一个问题：究竟是什么样的精神支撑使中国共产党人在难以想象的艰难、困苦、残酷下勇往直前地奋斗？对真理的坚持和对理想的坚守就是问题的答案。当年参与六甲之战的红军战士生平都无据可查，但他们都是正当韶华的青年人。无怨无悔地把自己的人生融入革命事业之中，是因为红军战士对坚持真理、坚守理想的执着追求，他们以普通奋斗者身份体现的伟大建党精神令人无比敬佩。

六甲之战体现了红军战士"践行初心、担当使命"的伟大建党精神。为中国人民谋幸福、为中华民族谋复兴，是中国共产党人的初心和使命。伟大长征是中国共产党践行这一初心使命的壮举，六甲之战的红军战士没有给我们留下只字半句的豪言壮语，却以行动谱写了践行初心、担当使命的光辉篇章。六甲之战纪念园里，200多名牺牲的红军战士中被镌刻在烈士碑塔基上的仅有6名，其他烈士的姓名都查不到了。这些无名英雄的无私奉献为伟大建党精神作出了注脚。

六甲之战体现了红军战士"不怕牺牲、英勇斗争"的伟大建党精神。红六师阻击的国民党龚顺壁旅，人数众多、弹药充足，且装备了精良的法国武器，还有昆明派来的飞机配合作战，敌我力量悬殊。据参战的红军指战员回忆，"国民党不时派飞机过来侦察轰炸"，"滇军有一部分是法国装备，子弹落在我们阵地前的茅草上就会起火"。而红军连弹药都很紧张，只能以低洼的"牛滚塘"和凸起的土坎为掩护，用"肉搏战"与敌军厮杀。红六师将士不畏强敌、舍生忘死、奋勇杀敌，用鲜血和生命诠释了伟大建党精神。

六甲之战体现了红军战士"对党忠诚、不负人民"的伟大建党精神。

红军是党的军队，也是人民的军队，与敌军殊死作战就是为了解放人民。因此忠诚于党和忠诚于人民，是坚持党性立场与人民性立场相统一的要求。六甲之战中，红军战士服从命令，顾全大局，严守纪律，紧紧依靠当地群众的支持，才在敌我力量悬殊的不利情况下赢得了战斗的胜利。红军虽然在战斗中付出了沉重的代价，但战士们对党忠诚、不负人民的卓越表现彰显了伟大建党精神。

习近平总书记指出："历史川流不息，精神代代相传。我们要继续弘扬光荣传统、赓续红色血脉，永远把伟大建党精神继承下去、发扬光大！"云南寻甸人民永远铭记六甲之战红军战士的英勇事迹，这一红色资源对于继承和发扬光大伟大建党精神具有重要价值，是激励寻甸人民在新时代新的长征路上砥砺奋进的宝贵精神财富。

本文发表于《云南日报》2021年9月23日，第6版，有修改。作者：李彦垒，华东师范大学学校办公室副主任，挂职云南省昆明市寻甸回族彝族自治县党委常委、副县长（2020年5月至2022年7月）；齐卫平，华东师范大学教授，中共党史专家

三、红色精神耀寻甸：党史学习教育背景下寻甸县红色资源再梳理

寻甸回族彝族自治县隶属昆明市，地处云南省东北部，居住有25个民族、约58万人口。红军长征两次经过留下的红军长征精神、解放战争时期展现的顾全大局精神、战天斗地开展社会主义建设昭示的干事创业精神、作为国家级民族团结进步示范县体现出的民族团结精神、全省首批全市首家脱贫摘帽凝聚的脱贫攻坚精神等，传承接续构成了寻甸县独有的红色精神血脉，为寻甸群众留下了丰富的红色资源，也必将成为寻甸人民世代传承的红色基因，为寻甸县巩固拓展脱贫攻坚成效、有力推进乡村振兴、持续改革创新发展注入不竭动力。

当前，全县党员干部群众正在县委县政府带领下深入开展党史学习教育之际，把寻甸县的红色资源进行再梳理、再呈现、再宣传，助力干部群众学好党史县史、讲好红色故事、书写好新时代党史，具有重要意义。

（一）中央红军长征过寻甸

中央红军（红一、红三、红五军团）在遵义会议后，经过四渡赤水、南渡乌江、佯攻贵阳，将滇军调出云南，于1935年4月23日挺入云南境内，随后进入寻甸。4月29日，中华苏维埃共和国中央革命军事委员会在寻甸县七星镇鲁口哨发布《关于我军速渡金沙江转入川西建立苏区给各军团的指示》，明确了红军下阶段行进方向。4月30日，中革军委总部进驻柯渡镇丹桂村，当晚，对抢渡金沙江作出战略部署。5月1日之后，红军按照部署有序转移，直到5月9日，中央红军从禄劝县境内皎平渡渡过金沙江北上，取得长征以来具有决定意义的胜利。

中央红军过寻甸，给寻甸人民留下了丰富的遗址、遗迹和红色故事。位于七星镇的红军长征"4·29"渡江令发布地遗址内，刻有"渡江令寻甸转兵　鲁口哨革命圣地"的大门、威严雄壮的纪念碑、红军长征浮雕墙等，再现了当年中央红军在此作出重大决策、为长征迎来胜利曙光的历

史；红军长征柯渡纪念馆坐落于寻甸县柯渡镇丹桂村，党和红军的领导人曾在此居住，2005 年被确定为全国红色旅游百个经典景区之一；柯渡镇回辉村清真寺红军标语——"红军绝对保护回家工农群众利益"，生动体现了中国共产党带领下军民团结、民族和谐的优良传统。朱德总司令专门接见宗教人士代表、穷苦百姓肖粉香帮助红军生擒国民党县长等红色故事，更是在当地群众中口口相传、家喻户晓。

（二）红二、红六军团长征过寻甸

1935 年底，国民党反动派没有因为中央红军长征的胜利而善罢甘休，反而更加狰狞地加紧了对各地红军部队的"围剿"，在湘鄂川黔边根据地牵制敌人策应中央红军转移的红二、六军团被迫进行战略转移，于 1936 年 3 月辗转进入云南。4 月上旬，红二、六军团在寻甸境内进行了艰苦的战斗，最终在贺龙、任弼时、关向应、萧克等带领下，摆脱了滇军的围追堵截，为横扫滇西创造了条件。红二、六军团红军战士在寻甸留下了热血与生命，成为红色基因融入了寻甸群众的血脉。如今，"六甲之战"纪念塔、多合红军长征纪念碑、横河红军纪念碑、鸡街红军长征纪念亭等遗迹被后人不断重建与修缮，成为寻甸人民纪念红军二、六军团的精神寄托。

（三）磨盘寺谈判与云南和平解放

1949 年 5 月，在解放军节节胜利，国民党军队兵败如山倒的形势下，国民党云南省主席卢汉派代表龙泽汇与解放军滇桂黔边区纵队副司令员朱家璧联系，在寻甸磨盘寺举行第一次会谈。对这次会谈，中共桂滇边工委和中共云南省工委都很重视，按照中央有关安排，通过龙泽汇对卢汉进一步做工作，让他更坚定地靠拢共产党、靠拢人民。相关资料显示，这次会谈没有直接谈起义问题，主要是交谈了国内形势，从形势发展趋势看云南的前途，朱家璧等向龙泽汇说明党的方针、政策，指出卢汉应该选择的道路；同时，商谈了怎样继续联系和给人民武装输送武器的问题。磨盘寺商谈后，龙泽汇按照共同商定的计划和地点，先后三次给"边纵"部队输送武器弹药及衣服、药品、半导体收音机等物资。这次会谈是促成云南和平解放的重要组成部分，其会谈地点保存基本完好，具有重要的历史价值和纪念意义。

　　磨盘寺位于寻甸县羊街镇甸龙村委会磨盘寺村，始建于明代。1997年由村民筹资进行了原样新建并由政府出资新建了和平谈判纪念碑亭，建筑占地面积919平方米，为土木结构四合院，现存正房、前厅及左右耳房。2002年4月被公布为县级文物保护单位。

（四）劳动人民战天斗地干事创业

　　寻甸县地处小江断裂带，历史上地震、水患、极端天气等灾害多发，生产生活条件相当恶劣。新中国成立后，寻甸县人民在中国共产党带领下，战天斗地、克服困难，开始了轰轰烈烈的社会主义建设。据史料记载，1952年7月，寻甸暴发山洪；1958年6月，受暴雨侵袭，三月三水库、凤龙湾大坝塌方；1966年7月，连降暴雨导致牛栏江水位暴涨形成山洪；1974年6月，牛栏江沿岸暴发洪水……当时的寻甸，流传着这样一首歌谣："建设坝子好地方，雨水一来白茫茫，房屋倒塌庄稼淹，穷苦农民去逃荒。"战胜水患，成为开展社会主义建设必须要战胜的困难。

　　战斗水库纪念碑（省级文物保护单位）位于寻甸县七星乡凤龙湾村村东凤龙湾水库大坝东面的坡地上，立于1958年。纪念碑碑刻全面反映了当时的社会历史背景、政治、生产状况，真实记述了修建水库的必要性、紧迫性以及整个修建过程，歌颂了劳动人民不畏牺牲的伟大创业精神，说明今天安居乐业的来之不易，具有鲜明的时代特征。七星桥（军民团结大桥）位于七星镇七星村委会桥上村村东，始建于明嘉靖二十五年（1546），清雍正六年（1728）重建，乾隆五年（1740）重修。解放后因不能满足生产生活需要，为响应毛泽东主席"备战、备荒、为人民"的号召，解放军驻寻部队与寻甸干部群众一起，于1972年1月27日拆旧桥修新桥，奋战112天，谱写了一曲军爱民、民拥军、军民团结建大桥的壮丽凯歌。

　　如今，寻甸县成为云南省重要的水源保护地，曾经的"洪水猛兽"变成了不可或缺的宝贵资源，寻甸人民再次用团结和实干证明，人民群众干事创业的热情能够战胜一切困难。

（五）各民族群众齐心奋战脱贫攻坚

"十三五"以来，寻甸县坚持以习近平新时代中国特色社会主义思想为指导，以脱贫攻坚统揽全县经济社会发展全局，聚全县之力、汇全民之智，众志成城，向贫困发起总攻。多年来，寻甸县紧扣"两不愁三保障"和饮水安全，突出"六个精准"、实施"七个一批"，推动脱贫攻坚"四个落实"到位。2018年7月，顺利通过国家脱贫攻坚第三方评估，实现了零错退、零漏评，贫困发生率降至0.35%，9月30日云南省人民政府宣布寻甸县脱贫摘帽，退出贫困县行列，成为全省首批、昆明市第一个脱贫摘帽的县区，同年荣获全国脱贫攻坚组织创新奖。截至2019年底，全县贫困发生率下降为0，消除了区域性整体贫困。脱贫攻坚期间，全县广大干部践行"十心工作法"、提升"五种能力"、争做"五懂干部"，创造了"牢记使命、凝心聚力、吃苦耐劳、真情奉献、众志成城"的寻甸脱贫攻坚精神。

寻甸县是回族彝族自治县，县委县政府高度重视开展民族团结进步工作，曾于1994年、1999年、2009年三次被国务院授予"全国民族团结进步模范集体"荣誉称号。脱贫攻坚期间，寻甸县少数民族人口接近总人口25%。县委县政府先后制定出台《寻甸县民族团结进步示范区建设的实施意见》《寻甸回族彝族自治县120个贫困村整村提升工程项目建设实施方案》等相关文件。围绕"少数民族和民族地区与全国全省同步全面建成小康社会"的目标，整合精准扶贫、美丽乡村、易地搬迁等建设资源，于2018年成功创建为"全国民族团结进步示范县"。同时，寻甸县重视宗教场所管理，积极开展国旗、宪法和法律法规、社会主义核心价值观、中华优秀传统文化和民族团结进步"五进"宗教活动场所全覆盖，创建了一批省、市级"和谐寺观教堂"。

笔者认为，上述红军长征精神、顾全大局精神、干事创业精神、民族团结精神、脱贫攻坚精神作为主线，构成了寻甸县独有的红色精神血脉。当然，文中所列重要事件、遗址遗迹难免会有遗漏，例如，寻甸县在解放初期的清匪平叛、在抗美援朝和对越自卫反击战、在英雄模范和高级技术人员等方面还有很多贡献国家、激励后人、值得圈点之处，不再赘述。

2021年2月20日，习近平总书记在党史学习教育动员大会上指出，在庆祝中国共产党百年华诞的重大时刻，在全党集中开展党史学习教育，正当其时，十分必要。党史学习教育有其自身的特点和规律，各地要注重用好党的红色资源，让干部群众切身感受艰辛历程、巨大变化、辉煌成就。要着力讲好党的故事、革命的故事、英雄的故事，厚植爱党、爱国、爱社会主义的情感，让红色基因、革命薪火代代传承。

相信寻甸县干部群众必将不忘初心、牢记使命，保护红色资源、发扬红色精神、传承红色基因，赓续共产党人精神血脉，在巩固拓展脱贫攻坚成效、有效衔接和推进乡村振兴的新发展阶段，鼓起迈进新征程、奋进新时代的精气神，谱写好新时代党的伟大新篇章。

作者：李彦垒，华东师范大学学校办公室副主任，挂职云南省昆明市寻甸回族彝族自治县党委常委、副县长（2020年5月至2022年7月）

四、红军长征过云南有关红色资源的挖掘保护与开发利用建议

中国工农红军长征，两支主力部队经过云南：中央红军（红一方面军）于1935年2月至5月先后两次进出云南，在云南境内活动28天；红二、红六军团（后整编为红二方面军）于1936年3月至5月四进四出云南，在云南境内活动67天。红军长征两次过云南，在云岭大地留下了丰富的红色资源和宝贵的精神财富。

（一）提出本建议的背景

1. 红军长征过云南的遗址遗迹，是国家重点打造的100个红色旅游经典景区之一。

早在2004年，中办、国办印发《全国红色旅游发展规划纲要》（第一期），规划在全国打造100个"红色旅游经典景区"，其中，云南省有两个：云南红军长征红色旅游系列景区/点（曲靖市会泽县水城红军扩军旧址；昆明市禄劝县皎平渡，寻甸县红军长征柯渡纪念馆；丽江市玉龙县万里长江第一湾——石鼓红军渡口；楚雄州元谋县龙街红军横渡金沙江渡口；昭通市威信县扎西会议纪念馆），和昆明市"一二·一"四烈士墓及"一二·一"纪念馆。《全国红色旅游发展规划纲要》第二期、第三期仍在持续推进有关工作，云南省对相关资源的开发利用较为不足。

2. 红军长征过云南留下的红色资源，是长征国家文化公园（云南段）的物质和精神载体。

2021年8月，国家文化公园建设工作领导小组印发《长征国家文化公园建设保护规划》，强调"加强管控保护、主题展示、文旅融合、传统利用四类主体功能区建设，实施保护传承、研究发掘、环境配套、文旅融合、数字再现、教育培训工程，推进标志性项目建设，着力将长征国家文化公园建设成为呈现长征文化，弘扬长征精神，赓续红色血脉的精神家

园"。同期,《云南长征国家文化公园建设保护规划》获国家文化公园专家咨询委员会审议通过。当前,全国各地正在分批分段、如火如荼推进长征国家文化公园建设,云南省亟须对此项工作进行系统谋划。

3. 红军长征过云南有关红色资源,是布局滇东北文旅产业发展的重要线索和抓手。

滇东北是云南全域旅游的薄弱区域,乌蒙山区同时又是乡村振兴和经济社会发展的短板与难点。中央红军征战云南,主要在滇东北乌蒙山区活动,红二、红六军团从滇东北到横扫滇西,在当地留下了宝贵的红色资源。用好这些资源,打造云南省独一无二、全国富有特色的红军长征主题文旅产品,让红色资源发挥激励精神、带动经济的作用,对当地发展具有深远意义。

4. 红军长征过云南有关红色资源,是丰富长征和革命历史研究、提升云南红色底蕴的重要财富。

红军长征是中国共产党革命史中的一段壮丽史诗,具有重要的政治、文化价值,在当代又蕴含丰富的社会、精神及经济意义。考察红军长征史的研究与有关资源的开发现状,云南段资源丰富、地位特殊,但研究、挖掘、利用严重滞后,完全有潜力成为红军长征史研究新的突破点、相关地区经济社会发展新的增长点。

(二)红军长征过云南重要事件与重大价值

1. 扎西会议是遵义会议的继续、拓展与完成,是"广义遵义会议"的重要组成部分,其重要意义有待进一步挖掘与阐发。

扎西会议与通道会议、黎平会议、猴场会议、遵义会议(狭义)、苟坝会议、会理会议共同构成"广义遵义会议"。其中,扎西会议因实现"博洛交权"(张闻天接替博古在党内负总责)解决了党中央的组织问题,通过《遵义会议决议》纠正"左"倾军事路线充分肯定毛泽东的军事策略,彻底精简、缩编红军队伍并着手部署全国苏区和红军的战略方针,成为确立毛泽东在全党全军领导地位、初步形成党的第一代中央领导集体的重要一环。

2. 红军抢渡金沙江，赢得长征中决定性的胜利。

抢渡金沙江一战，通过广阔战场上的机动战，调动和打击敌人，并最终实现渡江北上，使红军摆脱了几十万敌军的围追堵截，取得了战略转移以来具有决定意义的胜利，是毛泽东高超军事指挥艺术的生动体现，是红军以少胜多、变被动为主动的光辉典范。《习近平讲述的故事丨长征精神》一文中，再次浓墨重彩地赋予抢渡金沙江以重要意义，作为诠释伟大长征精神的四个典型案例之一：1935年5月初，当中央红军主力抢渡金沙江皎平渡时，36名彝、傣、汉族船工，9天9夜不停地摆渡，支援红军安全渡过金沙江，未丢下一人一马，使中央红军彻底摆脱了国民党军队的围追堵截。伟大长征精神，就是紧紧依靠人民群众，同人民群众生死相依、患难与共、艰苦奋斗的精神。

3. 中央红军长征的"时空中心"和"方向转折"在云南。

长征初期，"向西"是个大方向，究竟要在哪里建立根据地？行军路线是什么？当时并不明确，后来事实上也发生了多次变化。1935年4月28至29日，中共中央、中革军委负责人在寻甸县鲁口哨村召开会议，放弃了向贵州发展的选择，作出抢渡金沙江的决策，行军路线真正实现了"西转"和"北上"。同时，从时间上看，中央红军长征的时间中心段即1935年4至5月，从空间上看，不论是中央红军实际行军的25 000里，还是瑞金—昆明—吴起镇的直线距离，云南都是当之无愧的"时空中心"。从地图上更不难看出，抢渡金沙江正是中央红军长征方向的最大转折处。

4. 党和红军深入民族地区开展工作、党的民族工作经验的重要诞生地。

长征是中国共产党建立以后，第一次大范围、大规模地与少数民族接触、交流、沟通和互动。在云南境内，红军就经过彝、回、苗、纳西、白、藏等多个少数民族聚居区，留下了许多与各民族团结友好、互相帮助的佳话，如扎西、会泽扩红，各民族同胞踊跃加入红军；在寻甸县，朱德总司令亲自拜访回民阿訇宣传民族政策；在禄劝县，彝族群众主动给红军带路，帮助红军渡过金沙江；在香格里拉，为打消藏民和僧众对红军的误解，贺龙赠匾归化寺"兴盛番族"等，在当时极大地丰富了党的民族工作经验与民族政策，增强了民族互信，促进了民族团结。

（三）挖掘保护与开发利用建议

挖掘保护、开发利用红色资源的根本目的是发扬党的优良作风，赓续红色血脉、传承红色基因，弘扬伟大长征精神，坚定跟党走的理想信念。同时，在经济欠发达地区，也是带动区域旅游发展、经济建设的重要契机，是具有重要的政治、文化和经济意义的系统工程。

1. 加强研究挖掘，形成一批标志性成果，建立学界"新共识"。

统筹研究力量，组织开展系统研究。结合弘扬伟大长征精神与构筑中华民族共同体意识等新时代新任务，围绕红军长征过云南的整体历程、重要事件、重大意义、趣闻逸事等，开展有关史料的抢救、征集和研究，进一步把握和理解红军长征过云南期间的历史脉络，围绕重点、填补空白，形成一批有影响力的研究成果，举办学术研讨和新闻发布会，提升相关成果的学术共鸣和社会影响。

2. 加强主题宣传，讲好红军长征过云南故事，打造红色"新IP"。

大力宣传"红军长征过云南"有关历史、遗迹和最新研究成果。聚焦"长征中心""长征转兵""扎西会议""抢渡金沙江""贺龙赠匾归化寺""民族团结一家亲""英雄儿女罗炳辉""重走云南长征路"等关键主题，打响一批标志性红色IP，以红带绿，带动文旅产业发展。

3. 加强科学保护，保护再现传承相融合，建设精品"新展陈"。

红色资源是不可再生、不可替代的珍贵资源，保护是重要任务。加强红色遗址、革命文物保护，统筹好抢救性保护和预防性保护、本体保护和周边保护、单点保护和集群保护等工作，坚持政治性、思想性、艺术性相统一，把好导向、聚焦主题，在扎西、寻甸县鲁口哨和柯渡村、禄劝县翠华村和皎平渡、丽江石鼓渡口等点位，打造一批高质量精品展陈，建立"永久性保护、创新性再现、有效性传承"的协同推进机制。

4. 打造长征主题经典旅游路线，助力滇东北文旅产业"新增长"。

围绕红军长征过云南行军路线、重大事件、重要遗址，组织红色旅游规划领域专家、企业进行论证、包装和设计，打造红色文旅产品和旅游吸引物，发布和推介长征主题经典路线，利用信息手段，形成一批可视化呈现、沉浸化体验的数字展示和互动产品，形成"红色+"和"+红色"发展策略，把红色资源与云南独特的自然风光、历史文化、民风民俗相融合，打响"红军长征过云南"系列旅游产品和路线，有力补充和优化云南全域旅游资源布局。

5. 强化教育功能，弘扬伟大长征精神，涵养新时代"新精神"。

依托上述红色资源，设计符合青少年和游客大众不同认知特点的教育产品，建设富有特色的革命传统教育、爱国主义教育、民族团结进步教育、青少年思想道德教育基地，开发校本教材或通识读本，融合"云展示""云研学"等技术手段，将红色教育融入生活休闲，充分发挥红色资源教育人、激励人、塑造人的教育功能，鼓舞云南人民打起精气神，团结奋斗，走好新时代长征路。

本文为2021年度华东师范大学对口帮扶实践和理论项目"新发展阶段红色文化资源在乡村振兴中的作用提升研究——基于对云南寻甸的调查"研究成果之一，被云南省政府发展研究中心采纳。

作者：李彦垒，华东师范大学学校办公室副主任，挂职云南省昆明市寻甸回族彝族自治县党委常委、副县长（2020.5—2022.7）

附件：中国工农红军长征路线图

中国工农红军长征路线图

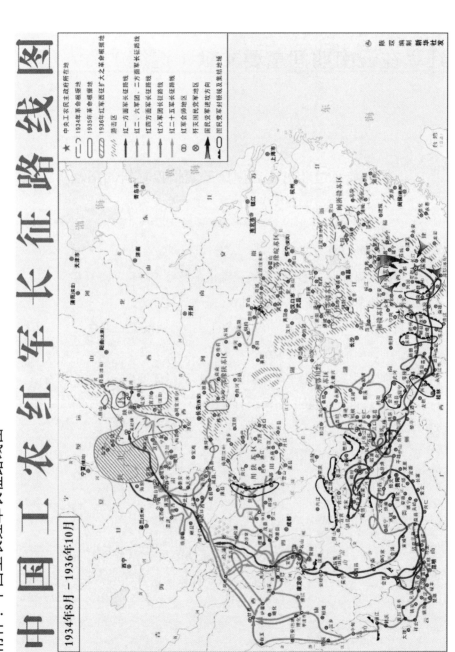

新华社发，中国政府网，https://www.gov.cn/jrzg/2006-07/31/content_350443.htm

红军在云南期间重要文献（选编）

关于我军过北盘江后搜集云南情报材料的指示

（一九三五年四月十六日）

林、聂、彭、杨、董、李：

我军过北盘江后应尽全力搜集云南情报及各种材料，现规定：

1. 内容分军事政治经济及社会情况并及广西方面。

2. 盘江搜捕俘敌虏敌探消息并讯问当地商民及工农群众与买点各种图书特别是云南地图地理及报纸。

3. 各军团师应派得力军政人员随先遣部队沿途搜集。

4. 军委派两个先遣团工作团分随五军团往百层贞丰兴仁随二师往罗炎册亨兴义方向。

5. 凡搜集情报图书报纸应迅送军委。

朱德

十六日二十一时

——中共云南省委党史资料征集委员会：《红军长征过云南》，

昆明：云南民族出版社，1986年，第23页。

关于消灭沾益曲靖白水之敌的指示

（一九三五年四月二十五日）

（万万火急）

林、聂、彭、杨、董、李：

最近时期将是我野战军同敌人决战，争取胜利的转变战局的紧急关头，首先要在沾益、曲靖、白水地区消灭滇敌安旅，以我们全部的精力与体力去消灭万恶的敌人，一切牺牲为了目前决战的胜利，是我野战军全体指挥员的唯一的铁的意志。在这意志之下，中央相信你们对于中央之军委所提出的意见，决不会妨害我们内部的团结一致与保障军委命令的坚决执行，是我们争取决战胜利的先决条件。中央相信在目前的紧急关头，你们必须充分发扬你们的果敢机动与布尔什维克的坚定性，领导全体红色指战员奋勇杀敌，并纠正部队中一切不正确的倾向，来完成中央与军委所给予你们的神圣任务。

党中央

二十五日

——中共云南省委党史资料征集委员会：《红军长征过云南》，
昆明：云南民族出版社，1986年，第25页。

关于我军改向沾益曲靖集结的指示

（一九三五年四月二十五日）

林、聂、彭、杨、董、李：

甲、昨廿四日与我干部团接触之敌似为滇军刘旅，其安旅亦由四营经黄泥河追我，吴敌九十四师由猪场向保全堡追三十六军先头达保全堡以北，将经燕掖直取平彝或宣威五十六师及十三师主力均直赶平彝，估计敌以重兵赶集宣威平彝而滇敌则有向曲靖追我之可能。

乙、我军决放弃平彝行动，改集沾益曲靖求与滇军追敌作战。

丙、今日部署如昨廿三日电令，唯一军团必须以全部集结沾益分县，不得再分散，先遣团不必派，三军团必须通过平彝黄泥井［河］大道以西，军委纵队干部团及五军团在沾益分县东北以便与一、三军团联结而便作战机动。

朱德

廿五

——中共云南省委党史资料征集委员会：《红军长征过云南》，昆明：云南民族出版社，1986年，第25—26页。

我野战司令部已抵曲靖西宿营
（一九三五年四月二十七日）

林、聂、彭、杨、董、李：

甲、今廿七日零时我野战军司令部已抵曲靖西上下小山宿营，沿马路俘获昆明开来汽车一辆，内有龙云送薛敌之云南十万分一地图廿余份，白药一千包另四百瓶及副官一，据云：马龙尚有汽油、滑油，望林、聂速派员检查，并（派）出小部伪装白军，沿马路向昆明活动截击，或尚有汽车来，因龙云估计我军今日不能过曲靖。

乙、望速调查下列路线、里程立电告军委：

1. 一军团经易隆或经塘子、榕［峰］嵩、寻甸的道路。

2. 三军团经三岔河或不经三岔河过七里桥榕［峰］寻甸的道路。

3. 五军团经三岔河、大海哨、王家庄榕［峰］寻甸、嵩明州之间羊街的道路。

朱

廿七日十六时半

——中共云南省委党史资料征集委员会：《红军长征过云南》，

昆明：云南民族出版社，1986年，第26—27页。

朱德关于红军分由龙街、洪门口、
皎平渡准备渡江致红三、五军团电
（一九三五年五月二日）

彭、杨、董、李：

甲、据调查，会理只刘文辉部三百余人。昆明通会理道路除走元谋、龙街大道渡江外，另有两条经商路：一经腮坝、猴街、卡子塘、马鹿塘、大松树到洪门口渡江（腮坝到洪门口约二百九十里），一条经小仓街、龙海塘、石板河、绞（皎）西到绞（皎）平渡渡江。洪门口、绞（皎）平渡有渡船各二，每船可容二十余人或马六七匹。河窄处十余丈，流急。宽处三十余丈，流缓，有架桥可能。西岸山陡无竹，但南岸有木头可作木排。万一架桥不成，可漕渡。洪门口下游之白滩、小倮及左上游纳平、鲁车均有渡船。

乙、我一军团决经武定、元谋由龙街渡江，并引敌人向西，军委纵队以刘参谋长率干部团一个营及工兵，带二十九分队赶于四号上午到皎平渡架桥，并侦察其上游各渡河点。

丙、我十三团应经老务营、江边渡普渡河（派工兵先行架桥），转入通马鹿塘道上，亦限四号上午赶到洪门口架桥，侦察其下游各渡河点，并与刘参谋长密切取联络，每日至少两次电告架桥情形。

丁、三军团主力随十三团后前进，其后卫团在可郎之敌向五军团尾追时，加紧左侧后警戒。

戊、三军团全部应于离大松树以前带足三天米粮。

朱

廿〔二〕号

——中国工农红军长征史料丛书编审委员会：《中国工农红军长征史料丛书 文献2》，北京：解放军出版社，2016年，第126—127页。

朱德关于红五军团继续掩护野战军
渡江致董振堂、李卓然电
（一九三五年五月六日）

董、李：

1. 本六号万敌先头到龙海塘，主力在团街。周敌仍将经马街、牛街转向禄劝、元谋前进。

2. 我三军团今日起转经绞（皎）平渡江，明午可渡完。一军团七、八两号可抵绞（皎）西、绞（皎）平之线。五军团后梯队已过江开通安。

3. 五军团（缺一营）有继续掩护野战军主力渡江的任务。明七号五军团主力仍留石板河地区，以两个营守二道河附近阵地，并前出得力部队伪装主力先头南下，向万敌积极行动，逼敌展开，务阻该敌先头部队不得趋过二道河以北，以便八号能继续阻敌于石板河、绞（皎）西之间，不得违误。

4. 望多方侦察绞（皎）西、沙老树通绞（皎）平渡的各大小道路，电告。

朱

六号

——中国工农红军长征史料丛书编审委员会：《中国工农红军长征史料丛书 文献2》，北京：解放军出版社，2016年，第131页。

我军渡江后的行动部署

（一九三五年五月十二日）

甲：我军渡过金沙江，取得战略上胜利，和进入川西的有利条件，现追敌正企图渡江跟追，但架桥不易，至少需四五天，西昌来援之敌前进甚缓并企图从两翼迂回，同时爆炸会城亦须十四号始能完成坑道作业。

乙：因此我野战军以扼阻追敌打击援敌并爆炸会城之目的和部署，决在会理及其附近停留五天（十五号止）争取在长期行军后的必要休息与补充，如情况变化，当缩短此停留时间继续北进。

丙：依上述决定我各军团应以备战姿势进行部队中尤其新战士的战术教育，队列整理，开干部及连队会议，传达战斗任务，检阅工作，加紧扩红筹款及地方工作等，但牵制部队须加强沿江警戒，攻城部队须加强坑道作业与收买硝药，其他军团则须以消灭援敌为一切部署中心，不得丝毫懈怠，以实现全部战斗胜利，以便继续夺取西昌而北上。

朱德

五月十二日

——中共云南省委党史资料征集委员会：《红军长征过云南》，昆明：云南民族出版社，1986年，第32页。

中华苏维埃人民共和国川滇黔省
革命委员会布告（第四号）

日本帝国主义并吞华北，侵占中国，使全中国民众遭遇到亡国灭种的大祸临头，而卖国贼头子蒋介石（公开）投降日本，出卖中国，组织清一色亲日的南京卖国政府，镇压全国抗日运动与抗日势力。我红军二、六军团为着挽救中国之危亡，数年来与蒋介石进行不断的流血的艰苦的战争。此次转战数千里进入川滇黔边，担负着扩大抗日反蒋的民族革命战争的神圣的光荣责任，在川滇黔边创造抗日的苏维埃区域与扩大抗日的红军，联合一切反日、反卖国贼的势力，共同挽救中华民族之危机。

中华苏维埃人民共和国川滇黔省革命委员会是抗日救国政府的中坚支柱，是川滇黔边省广大民众的临时革命政府，他在中华苏维埃人民共和国中央政府领导之下，当前担负的紧急战斗任务是：发动团结组织全民族一切反日、反卖国贼的力量，参加抗日反蒋的民族革命和反封建的土地革命，以打倒中国民众当前最主要的敌人——日本帝国主义、蒋介石和封建地主阶级，求得中华民族的彻底解放；因此本会特向川滇黔千百万工农群众宣布目前施政方针。

（一）立即组织抗日反蒋为民众谋利益的各级革命委员会，吸引工农群众和一切抗日反蒋的爱国战士参加各级革命委员会工作，坚决实现工农群众的利益，创建抗日的苏维埃区域，使之成为抗日反蒋的强固的根据地，粉碎卖国贼头子——蒋介石的进攻。

（二）武装民众进行抗日战争。红军是抗日联军的中坚支柱，本会号召广大工农民众自动加入，以扩大抗日的红军，争取迅速直接对日作战，并团结广大工农民众及一切爱国志士加入抗日义勇军。本会号召一切反日、反蒋的武装队伍（如不愿受蒋贼压迫而携械散在山林之白军二十五军官佐士兵及民团、绿林与一切反蒋队伍）不分政治派别，不论成分，一致联合起来，组织抗日救国联军，与红军携手，共同打倒日本帝国主义与卖国贼头子蒋介石，以扩大民族革命战争；本会对于一切愿抗日反蒋的白军官佐士兵当一律优待。

（三）解除民众痛苦，取消一切苛捐杂税，毁灭卖国政府的一切税收机关，如有胆敢继续索取民众捐税者，定予以最严重的惩罚。过去卖国军声言取消王家烈的苛捐杂税，事实上完全证明是欺骗民众的鬼话，工农群众必须深刻认识：只有苏维埃才能真正的（地）取消一切苛捐杂税。

（四）激进的（地）改善民众生活，实行土地政策，没收地主阶级和一切卖国贼汉奸的土地财产分给雇农、贫农、中农、士兵、失业者和难民，加紧土地建设，提早春耕运动，实施救灾，培养森林，奖励土地生产，废除高利贷制度，加紧收集粮食，以保证红军给养与解决群众粮食问题，反对浪费粮食现象，宣传群众不要用米熬糖煮酒等，防止粮食恐慌，活泼的（地）实施劳动法令，增加工人工资，改良工人生活待遇，救济失业工人与保护女工、童工。

（五）为着保证红军与民众的物质供给，苏维埃政府奖励工商业的发展，准许民族工商业和资本家照常营业，并提倡增加工业生产，私人投资，不得没收商店，和惩罚商人，不得任意向商家捐款，实行统一的商业累进税，欢迎外地商人与苏区通商和投资，开发矿业工业，并予以生命财产上之保障，恢复一切交通，整理桥梁道路，恢复电报邮务，以发展苏区交通。

（六）提高苏维埃的文化教育，恢复与创造各种学校，实行免费教育，消灭文盲运动，增加薪资，救济失业的学生、智（知）识分子和专门家，提高民众的政治文化水平，欢迎教师智（知）识分子专门家参加苏维埃文化教育事业，并优待他们。准予民众言论集会结社出版等自由，反对卖国政府法西斯蒂教育麻醉与束缚青年爱国思想，反对奴隶的新生活运动，反对蒋介石镇压学生抗日救国运动。

本会为着保障临时革命政府的巩固与抗日反蒋战争的扩大和胜利，必须以最严厉之手段，惩办一切卖国贼汉（奸）和（死）心附日与勾结卖国贼之反动分子，镇压豪绅地主任何反抗之企图，肃清混入革命队伍中的卖国贼侦探与奸细，镇压一切破坏苏维埃，破坏红军，破坏民族战线的反革命活动，并号召工农民众直接同反革命作斗争，以保障革命的彻底胜利。

川滇黔边广大的工人农民劳苦群众与一切反日、反卖国贼的民众们一致的（地）起来，为了中华民族与自身的解放，在本革命委员会的领导下，坚决与日本帝国主义及其走狗——蒋介石和封建地主阶级奋斗到底。此布。公历1936年2月21日。主席贺龙、代主席陈希云、副主席朱长清。

公历一九三六年二月二十一日。

主席　贺　龙

代主席　陈希云

副主席　朱长清

——中共云南省委党史资料征集委员会：《红军长征过云南》，

昆明：云南民族出版社，1986年，第8—10页。

关于二、六军团可在滇西渡江后北进与主力会合电
（一九三六年三月三十日）

贺、任、关：

1. 依据国际国内情况，民族革命高潮在生长，苏维埃运动有些发展，但不能过分估计，蒋敌虽削弱，亦不能计算他在何时崩溃。

2. 最好你军在第三渡河点或最后路线北进，与我们会合一同北进，亦可先以到达滇西为目的，我们应尽力策应。

3. 在困难条件下，可在滇黔川广大地区活动，但须准备较长期的运动战。

4. 究应如何请按实况决定，不可受拘束。

朱、张

30日

——中共云南省委党史资料征集委员会：《红军长征过云南》，

昆明：云南民族出版社，1986年，第35—36页。

红二、六军团电告已安渡金沙江

（一九三六年四月二十八日）

朱、张：

　　我两军团本日已安全渡过金沙江北岸。渡江时仅翻了一只船，损失人枪x余另x，毙马几十匹。明二十九日，开始向中甸继进，罗部已到地？请告。

贺、任、关

二十八日

——中共云南省委党史资料征集委员会：《红军长征过云南》，

昆明：云南民族出版社，1986年，第36页。

《毛泽东年谱：1893—1949》节选

（选自1935年部分）

　　4月18日　中央红军主力从白层、者相、者坪、罗炎地区南渡北盘江。随后，相继占领贞丰、安龙、兴仁、兴义等县城。二十七日，中央红军在云南境内连克白水、曲靖、沾益、马龙，前锋逼近昆明。

　　4月28日　同朱德、周恩来等到鲁口哨、水平子一带宿营。当晚，出席中共中央、中革军委负责人会议，研究北渡金沙江的行动部署。毛泽东最后发言说：遵义会议后，我军大胆穿插，机动作战，把蒋介石的尾追部队甩在侧后，取得了北渡金沙江的有利时机。云南境内的地形条件，不像湖南、贵州有良好的山区可以利用，我军不宜在昆明东北平川地带同敌人进行大的战斗。我军应趁沿江敌军空虚，尾追敌人距我尚有三四天的行程，迅速抢渡金沙江，以争取先机。

　　4月29日　中革军委发出《关于野战军速渡金沙江转入川西建立苏区

的指示》，指出："由于两月来的机动，我野战军已取得西向的有利条件，一般追敌已在我侧后，但敌已集中七十团以上兵力向我追击，在现在地区我已不便进行较大的作战机动；另方面金沙江两岸空虚，中央过去决定野战军转入川西创立苏维埃根据地的根本方针，现在已有实现的可能了。""因此政治局决定，我野战军应利用目前有利时机，争取迅速渡过金沙江，转入川西，消灭敌人，建立起苏区根据地。"

5月1日　到达小仓街。经勘察，决定在洪门渡、龙街、皎平渡附近渡金沙江。红一军团为左纵队，经禄劝、武定、元谋直取龙街。红三军团为右纵队，经思力坝、马鹿塘夺取洪门渡。红五军团和军委纵队为中央纵队，经小仓街、龙海塘、石板河抢夺皎平渡。

5月3日　刘伯承率军委纵队干部团抢占皎平渡，完全控制渡口的南北两岸。当晚，毛泽东、朱德、周恩来等率领军委纵队赶到皎平渡过江，在北岸组成渡江指挥部。因得到红一军团在龙街渡口架设浮桥未成、红三军团在洪门渡口所得渡船很少的电报，又得悉万耀煌要保存实力往回收缩的情况，中革军委决定：除留红十三团在洪门渡过江，红一军团和红三军团主力全部改由皎平渡过江。至九日，中央红军第一、第三、第五军团全部渡过金沙江。在滇、黔边单独行动的红九军团也在东川（今会泽）以西的树节、盐井坪地区渡过金沙江。至此，国民党数十万"追剿"部队被甩在金沙江以南，中央红军取得战略转移的决定性胜利。

——中共中央文献研究室：《毛泽东年谱：1893—1949》，

北京：中央文献出版社，1993年，第453—455页。

《周恩来年谱：1898—1949》节选
（选自1935年部分）

3月31日　中央红军主力在江口、大塘、梯子岩等处南渡乌江，四月二日佯攻息烽，前锋逼近贵阳，后又派一部兵力东渡清水江，佯作东进湖南和红二、红六军团会合之势。蒋介石在贵阳急调滇军入黔增援，并急令中央军和湘军、黔军堵击红军东出湖南。四月五日，滇军到清镇、贵阳一线。

4月7日　中央红军从洗马河、龙里、贵阳之间南进，从十日起连克定番（今惠水）、广顺（今长顺）、长寨（今属长顺县）等。十六日至十八日在贞丰县白层跨过北盘江，接着连占贞丰、安龙、兴仁等县。二十三日进入云南，随即占领平彝（今富源）、罗平。

4月25日　中革军委致电各军团首长，指出云南东北地区是"战略机动的枢纽，背靠西北天险，便利于我们向东及向南作战，在不利与必要时亦便于向北向西的转移"。鉴于国民党军主力正向云南东北地区运动而滇军距红军较远，中革军委命令红一、三、五军团"首先在白水、曲靖、沾益地域消灭滇敌的先头部"，"然后迅速进入另一机动地区"消灭周浑元、吴奇伟部，以开展新的局面。

4月27日　红军连克白水、曲靖、沾益、马龙，前锋逼近昆明。

4月29日　在寻甸县鲁土。中革军委发出《关于我军速渡金沙江转入川西建立苏区给各军团的指示》，指出由于敌人集中七十个团以上的兵力追击，红军在云南不可能机动作战，而金沙江两岸空虚，中共中央政治局已决定红军"迅速渡过金沙江，转入川西消灭敌人，建立起苏区根据地"。为此，军委派刘伯承率干部团直奔禄劝县皎平渡。周恩来到干部团了解情况并作布置。同时决定红一军团夺取龙街，红三军团前往洪门渡，占领渡口。

5月3日　干部团抢占金沙江渡口皎平渡。四日周恩来过江，和毛泽东、朱德、刘伯承一起指挥红一、三、五军团于九日全部渡过金沙江。与此同时，红九军团也在云南巧家过江。中央红军终于摆脱了数十万国民党军的围追堵截。

5月8日　中央红军到达四川会理城下。攻城未克，在城郊进行休整、扩军、筹款。

5月10日　蒋介石由贵阳抵昆明，命令川军杨森、刘文辉扼守大渡河、西康，主力在富林；令薛岳、周浑元及滇军孙渡向金沙江边追击。由于缺乏渡江器材，国民党军十六日才渡江。

5月12日　在会理郊外出席中共中央政治局扩大会议。会上，周恩来批评林彪要求撤换毛泽东军事指挥的意见；赞扬毛泽东这一时期的军事领导艺术，在敌人前堵后追的危急情况下，采用了兜大圈子的办法，四渡赤水，两进遵义，用掉了敌人，取得顺利渡过金沙江的重大胜利；进一步阐述只有机动作战才能摆脱敌人重兵包围的方针。会议决定立即北进，与红四方面军会合，建立根据地。

——中共中央文献研究室：《周恩来年谱：1898—1949（修订本）》，北京：中央文献出版社，2020年，第274—276页。

参考文献

一、图书文献

［1］中国工农红军长征史料丛书编审委员会：《中国工农红军长征史料丛书》，北京：解放军出版社，2016年。

［2］中国人民解放军军事科学院：《中国工农红军长征全史》，北京：军事科学出版社，2006年。

［3］长征大事典编委会：《长征大事典》（上、下卷），贵阳：贵州人民出版社，1996年。

［4］中共中央宣传部办公厅，中央档案馆编研部：《中国共产党宣传工作文献选编》（1915—1992），北京：学习出版社，1996年。

［5］中共中央文献研究室、中央档案馆：《建党以来重要文献选编（一九二一——一九四九）》第十二册、第十三册，北京：中央文献出版社，2011年。

［6］中共中央党史研究室第一研究部：《红军长征史》，北京：中共党史出版社，2006年。

［7］中共中央党史和文献研究院：《中国共产党的一百年》（新民主主义革命时期），北京：中共党史出版社，2022年。

［8］中国工农红军第一方面军史编审委员会：《中国工农红军第一方面军史》，北京：解放军出版社，1993年。

［9］中国工农红军第二方面军战史编辑委员会：《中国工农红军第二方面军战史》，北京：解放军出版社，1992年。

［10］《红军长征过云南》编写组：《红军长征过云南》，昆明：云南人民出版社，1985年。

［11］中共云南省委党史资料征集委员会：《红军长征过云南》，昆明：云南民族出版社，1986年。

［12］中共云南省委党史研究室：《中国工农红军长征过云南史》，昆明：云南人民出版社，2006年。

［13］云南省档案馆：《国民党军追堵红军长征档案史料选编（云南部分）》，北京：中国档案出版社，1987年。

［14］寻甸回族彝族自治县志编纂委员会：《寻甸回族彝族自治县志》，昆明：云南人民出版社，2017年。

［15］中共中央文献研究室：《毛泽东年谱：1893—1949》，北京：中央文献出版社，1993年。

［16］中共中央文献研究室：《周恩来年谱：1898—1949（修订本）》，北京：中央文献出版社，2020年。

［17］李海文：《中国工农红军长征亲历记》，北京：人民出版社，2010年．

［18］曲爱国，张从田：《长征记》，北京：华夏出版社，2016年。

［19］董必武，李富春等：《二万五千里（珍藏本）》（上、下册），上海：上海人民出版社，2018年。

［20］郑广谨：《中国工农红军长征记》，郑州：河南人民出版社，2016年。

［21］刘统：《红军长征记原始记录》，北京：生活·读书·新知三联书店，2019年。

［22］刘华清：《长征中的重大战略决策》，成都：天地出版社，2017年。

［23］吕黎平：《红军总部的峥嵘岁月》，上海：上海人民出版社，1993年。

［24］徐占权，徐婧：《中国工农红军长征简史》，北京：军事科学出版社，2016年。

［25］刘喜发：《红军长征全史·第一卷·铁流滚滚·红一方面军战史》，长春：东北师范大学，1996年。

［26］史石：《金沙江的记忆：红军长征过云南纪实》，昆明：云南人民出

版社，2006年。

［27］刘云：《万急渡江令　改写红军命运——纪念红军长征胜利80周年寻甸专辑》，昆明：云南人民出版社，2016年。

［28］李世明，田修思：《指路的明灯，长征标语口号》，北京：国防大学出版社，2012年。

［29］马超主：《红军长征〈回民地区守则〉研究论文集》，北京：中国文史出版社，2020年。

［30］张家德：《遵义会议系列研究——从黎平会议到巧渡金沙江》，昆明：云南大学出版社，1994年。

［31］侯兴福；中共云南省委宣传部等编：《光辉的扎西会议》，北京：中共党史出版社，1997年。

［32］段强，吴江江：《长征沿线旅游指南（贵州　云南）》，北京：现代出版社，2005年。

［33］梁经书：《红色旅游之歌》，北京：大众文艺出版社，2009年。

［34］陈日朋：《中华英烈辞典》，吉林：北方妇女儿童出版社，1991年。

［35］邱俊德；云南省威信县志编纂委员会编纂：《威信县志》，昆明：云南人民出版社，1999年。

［36］杨维武；中共昭通地委党史征集研究室编：《璀璨的群星　昭通百年人物集萃》，北京：中共党史出版社，2000年。

［37］赵沛：《云南支队斗争史略》，云南：中共威信县委党史征集研究室，1991年。

［38］威信县政协文史办公室：《威信文史资料选辑》（第7辑），云南：威信县政协文史资料办公室，1989年。

［39］威信县政协文史办公室：《威信文史资料选辑》（第11辑），云南：威信县政协文史资料办公室，1991年。

［40］威信县政协文史办公室：《威信文史资料选辑》（第12辑），云南：威信县政协文史资料办公室，1992年。

［41］王忠主编；陶永朝本卷：《文化昭通·威信》，昆明：云南人民出版

社，2018年。

［42］周天忠；傅奠基，唐靖；云南省社会科学界联合会：《昭通史话》，
昆明：云南人民出版社，2017年。

［43］刘英：《在历史的激流中——刘英回忆录》，北京：中共党史出版社，
1992年。

二、期刊论文

［1］习近平：《在纪念红军长征胜利八十周年大会上的讲话》，《中共党史
研究》2016年第10期。

［2］王凤贤，张磊：《中国工农红军长征精神的内涵探析》，《思想理论教
育导刊》2016年第10期。

［3］张文木：《红军长征的伟大意义和深远影响》，《红旗文稿》2016年第
21期。

［4］李步前：《红军长征在云南期间的革命实践》，《党的文献》2020第
5期。

［5］晏祥辉：《红军长征过云南——纪念红军长征胜利80周年》，《云南
教育（小学教师）》2016年第10期。

［6］叶春才，杨建伟：《红军长征两次过寻甸》，《云南档案》2006年第
5期。

［7］徐继涛：《红军长征过云南述略》，《云南师范大学学报（哲学社会科
学版）》1984年第3期。

［8］张正琪：《红军长征过寻甸——记红军第一次占领寻甸城》，《云南档
案》1999年第5期。

［9］张家德：《从黎平—猴场会议到扎西会议》，《贵州社会科学》1993年
第2期。

［10］卓人政：《扎西会议：遵义会议的继续与拓展》，《炎黄春秋》2020
年第3期。

［11］张正光：《论历史转折中的扎西会议》,《观察与思考》2016年第
1期。

［12］程中原：《论扎西会议的历史地位》,《中共党史研究》1989年第
4期。

［13］张劲：《遵义会议与扎西会议应该"合二为一"》,《中共贵州省委党
校学报》2015年第5期。

［14］刘家贺：《扎西会议在中国革命史上的重要作用——兼论扎西会议是
遵义会议的继续和最后完成》,《党史博采（理论）》2015年第5期。

［15］张广俊：《近年来国内扎西会议研究综述》,《昭通学院学报》2020年
第2期。

［16］魏永琴：《"扎西会议"的历史贡献探析》,《创造》2021年第4期。

［17］于东：《如何评价扎西会议》,《中共党史研究》1997年第3期。

［18］张家德：《扎西会议新考》,《中共党史研究》1992年第5期。

［19］徐波：《论遵义—扎西会议——1935年革命历史转折点再研究》,《党
史研究与教学》1993年第1期。

［20］张磊：《红军长征目的地变迁的历史原因考察》,《郧阳师范高等专科
学校学报》2016年第5期。

［21］刘林华：《再忆巧渡金沙江之战　弘扬新时代长征精神》,《云南社会
主义学院学报》2020年第3期。

［22］谢本书：《龙云献图寻踪》,《云南档案》2014年第2期。

［23］谢本书：《红军长征中的云南"趣事"考》,《玉溪师范学院学报》
2021年第1期。

［24］普金山：《龙云献图"有意而为"再探索》,《学术探索》2020年第
2期。

［25］普金山：《龙云献图的背后——红军巧渡金沙江与龙云"献图"关系
探析》,《学术探索》2020年第9期。

［26］陈国勇：《从鲁口哨会议到成功抢渡皎平渡》,《百年潮》2021年第
7期。

［27］朱波：《云南各族人民对红军长征的贡献》，《西南林业大学学报（社会科学）》2017年第5期。

［28］丁小珊，龚秀勇：《论长征时期红军在云南少数民族地区的思想政治工作》，《毛泽东思想研究》2014年第4期。

［29］王洪，李金菊：《红军长征过寻甸时的民族政策及影响》，《河南机电高等专科学校学报》2015年第4期。

［30］王洪：《红军长征过云南时党的民族政策及影响研究》，《云南师范大学学报（哲学社会科学版）》2015年第5期。

［31］刘明辉，黄川：《红军长征时期党的民族政策在云南地区的实践》，《广东省社会主义学院学报》2016年第4期。

［32］王洪，赵庆鸣：《红军长征过云南时党的民族政策及影响研究》，《云南民族大学学报（哲学社会科学版）》2015年第3期。

［33］叶力：《红军长征过云南开展群众工作的经验及启示》，《毛泽东思想研究》2014年第5期。

［34］张家德：《论红军长征在云南的民族政策与兄弟民族对长征的伟大贡献》，《云南教育学院学报》1991年第2期。

［35］周锡银：《论长征时期中国共产党的民族、统战和宗教政策》，《民族研究》1984年第6期。

［36］周竞红：《红军长征时期中共中央马克思主义民族理论的实践》，《中南民族大学学报（人文社会科学版）》2016年第6期。

［37］董杨：《边疆少数民族地区长征文化资源的保护、开发和建设》，《黑龙江史志》2017年第1期。

［38］文东柏：《长征路上的标语口号》，《新阅读》2021年第3期。

［39］李安葆：《长征标语漫议》，《党史研究与教学》2004年第4期。

［40］田修思：《长征标语口号：传播革命真理的通俗文化》，《毛泽东思想研究》2012年第4期。

［41］余海超：《论长征标语的社会动员功能》，《南京政治学院学报》2016年第4期。

[42] 刘慧娟：《浅析红军长征中标语的演变》，《北京党史》2016年第3期。

[43] 张新建，陈苗：《红色呐喊：红军长征途中的标语口号》，《保密工作》2018年第10期。

[44] 龙梆企：《红军长征，给寻甸播下了民族团结的种子》，《今日民族》2019年第2期。

[45] 项福库，秦专松：《云南民族地区长征遗址资源的调查及开发利用研究》，《红色文化资源研究》2019年第1期。

[46] 宋霖：《长征中红九军团单独行军问题再研究》，《党史研究与教学》1999年第1期。

[47] 罗炳辉：《罗炳辉自传》，《春秋》2001年第6期。

[48] 郭红敏：《罗炳辉将军二三轶事》，《党史纵览》2019年第12期。

[49] 赵宝云，段留锁，赵思璠：《罗炳辉与滇军》，《文史春秋》2009年第2期。

[50] 倪良端：《传奇将军罗炳辉（上）——从护国军战士到人民军队将军》，《党史文汇》2004年第4期。

[51] 倪良端：《传奇将军罗炳辉（下）——鲁南捐躯英名永垂》，《党史文汇》2004年第6期。

[52] 万建强：《人民功臣罗炳辉将军的传奇人生》，《党史文苑》1998年第4期。

[53] 鲁受信：《肖粉香的故事——寻甸纪事》，《基础教育（哲学社会科学版）》2007年第12期。

[54] 颜野：《一张老照片背后的故事》，《云南档案》2019年第4期。

[55] 肖荣华：《云南四大土匪覆灭记》，《文史天地》2006年第2期。

三、报刊、网站资源

[1] 王咏倩：《六甲阻击敌军　红军安全西进——来自云南省寻甸县的报道》，《经济日报》2019年7月22日第2版。

［2］阮成发：《学习扎西会议光辉历史　传承共产党人红色基因》,《学习时报》2021年6月18日第1版。

［3］中共云南省委党史研究室　红军长征过云南大事记
　　　http://m.people.cn/n4/2016/1120/c1420-7937805.html

［4］迪庆新发现红军标语——"共产党来了"
　　　https://yndaily.yunnan.cn/html/2020-11/07/content_1376558.htm?div=2

［5］长征：军民鱼水情的历史见证
　　　http://theory.people.com.cn/n1/2016/1027/c352499-28813658.html

［6］长征路上的军民鱼水情
　　　https://www.12371.cn/2021/10/21/ARTI1634814069410541.shtml

［7］长征途中的军民鱼水情
　　　http://edu.people.com.cn/n1/2016/0821/c1053-28652897.html

［8］［重走长征路］一条标语见证军民"鱼水情"
　　　https://www.sohu.com/a/115495582_115848

［9］长征路上的"初心故事"：红军号的故事
　　　https://new.qq.com/omn/20190720/20190720A0RLUQ00.html

［10］［革命先辈］马冰清：滇东北妇女运动先驱
　　　https://m.thepaper.cn/newsDetail_forward_11911240

［11］［史海钩沉］马逸飞、马冰清、马仲明故居
　　　https://xw.qq.com/cmsid/20210511A0B58Q00

［12］奋斗百年路｜一生充满传奇！他是我州党的新闻事业的拓荒者！
　　　https://m.thepaper.cn/baijiahao_13764464

［13］［建党百年·红色记忆］殷禄才三寻党组织_纵队
　　　https://www.sohu.com/a/473991561_121123818

［14］［建党百年·红色记忆］英雄伉俪28年沉冤得雪
　　　http://www.ztdj.gov.cn/article/show-344115.html

［15］贾安潮讲述红军途中的粉笔队
　　　http://www.wphoto.net/qianbei/article/ts/show/articleid/3098/